老上海

城厢掌故

薛理勇 著

上海书店出版社
SHANGHAI BOOKSTORE PUBLISHING HOUSE

前　言

汉字很有趣,“邑”在古文字中写作,上面的“口”表示一个有围墙相围的区域,下面的“巴”像一个跽跪的人,合在一起就表示有许多人居住在一起的安居乐业的城镇、城市。古代,战争频繁,有的部落或侯国可以通过战争掳掠奴隶,抢夺财富,为了保卫自己的“邑”,人们就在邑的四周建造高大、牢固的城墙,所以,“城”的本义就是邑的城墙,后来引申而指城镇、城市。“城里为邑,城外为郊,郊外为野”,有了城墙就有了界线,城的里面才是“市区”,城的外面就是郊区,远离城里的地方就是穷乡僻壤。

城市的人口、经济是会不断发展的,如城墙不倒的话,那么,邑的区域只能局限于城里,人们只有冲出城墙,到近郊发展。在汉语中,“厢”本来是指建筑中位于正殿、正堂两侧的偏殿、偏房,如民居中客堂两侧的房屋或房间称之“厢房”,“邑里为坊,邑外为厢”,“厢”就是城外人口密集并有一定商业活动的区域,当然,所谓的“城厢”就是指城和厢,也就是城里和城外人口居住集中的区域,这一点一定要聆清。

上海是元至元二十九年,即公元 1292 年置县的,由于许多原因,上海在建县后的二百余年并没有筑城,所以上海是一个"有邑无城"的邑城,也是一个不设防的城市。明朝中期,中国近海倭患严重,明嘉清三十二年(1553年)上半年,上海多次遭倭寇抢劫,掠去财产无数,损失惨重,于是才开始筑城,并于当年筑成。上海城墙周九里,于是,一道城墙就确定了上海邑和郊,邑和厢的区域。清康熙二十二年(1683年),清军收复台湾,标志着沿海反清武装被肃清,两年后,康熙颁"弛海禁"令,结束了中国自明初开始的近海禁运政策,上海港的中心,即东门外与黄浦江之间的狭长地块成了繁忙的码头作业区和商业区,时人作竹枝词咏"一城烟火半东南,粉壁红楼树色参;美酒羹肴常夜五,华灯歌舞最春三",在上海邑城外的东南部形成了"厢",上海的城市面积不断扩大,城市人口不断增长,城市经济不断进步、发展。

上海也是近代中国最早对外开放的城市,在1843年12月17日上海开埠后十年,上海的外贸总量超过广州而成为中国最大的港口城市,上海也是西方列强在中国最早设立租界的城市。西风东渐,使上海从一个中国传统的城市蜕变为"十里洋场",上海也是一个移民人口最多的城市,华洋杂处,五方杂处,变异的速度远大于遗传的能量,在上海开埠五十年后,上海就逐渐发展成为中国的政治、经济、文化中心,国际性的大都会。人们津津乐道于灯红酒绿,光怪陆离的"十里洋场",上海的老城厢逐渐被人们淡忘。实际上,在上海城市发展历史上留下了无数可歌可泣的故事,直到今天,老城厢还保存着许多文物古迹,这些都是上海历史、文化的组成部分,记录、发掘历史就是要尊重自己祖先的历史和文化传统。希望这本小书,能为发掘,研究,传承上海文化起一点作用。

目 录

1 前言

1 上海名称的来历

5 关于上海建县年份

12 从青龙镇到上海县

18 沙船与上海港

26 倭患与上海筑城

31 上海城墙与城门

39 上海拆城和城墙砖

46 上海县衙门在哪里

53 上海的校场和旧校场年画

60 设在上海的分巡苏松太兵备道

66 约约乎 皮老虎 小东门 十六铺

74 一城烟火半东南——城外的商业街

84 从马路工程局到上海城自治公所

91 中国最早的警察学校和警察机构

97 为光绪亲政而建的万寿宫

102 小南门的救火联合会钟楼

108 上海的南火车站

112 关于上海江海关的故事

121 上海的善堂

130 上海最古老的天主堂

142 老城厢的基督教教会学校

149 民立上海中学到上海民立中学

158 吴馨其人与务本女校

164 从日涉园到书隐楼

175 上海名园露香园及顾绣

184 上海的天后宫

202 上海的关帝庙

208 清代老城厢的三大名庵

上海名称的来历

要认识、了解一个城市,也许,第一个问题就是这个城市的名称是怎么来的,有什么故事和文化上的意义,对上海也是如此。在本《丛书》的多本书中提到,在西晋以前,今上海地区泛称华亭或云间,这个地名与三国时期东吴豪门陆逊与他的孙子陆机、陆云有密切的关系,一直到唐天宝十年(751年),原华亭地区的编户已超过一万二千户,而根据当时的制度,编户超过六

上海近郊的龙华塔

千户就属于壮县,于是根据吴郡太守的奏请,分昆山县的南部、嘉兴县的东部、海盐县的北部设置华亭县,这也是今天上海地区有独立县的行政设

置的开始,对以后上海地区经济发展很重要。

"上海"地名的出现不知始于何时,《宋会要辑稿》是根据宋朝皇家档案编著的,史料的真实性和可靠性很高,该书《食货十九·酒曲杂录》中有这样一段记录:

> 秀州,旧在城及青龙、华亭……上海……十七务,岁十万四千九百五十二贯,熙宁十年(1077年),租额一十一万七千八百九贯七十三文。

秀州的州治在今天的嘉兴,宋朝时,华亭县隶属秀州,而"上海"还只是一个"务",就是一个征税的贸易市场。这也是"上海"这个地名最早在文献上出现。至于"上海"地名的来历及文化意义,并不见著录。

《云间志》是今上海地区的第一部地方志,纂成于南宋绍熙四年,即公元1193年,该《志》中记录"上海浦,在县东北九十里"。古代,吴淞江是太湖流域最大的河流,它从太湖发源,东流直泻大海,在入海口形成一个喇叭形的三角洲,古人称之"沪渎"、"沪海",因其在华亭县境内,又称之"华亭海",据南宋范成大《吴郡志·卷十九·水利下》引著名水利专家郏侨的话说:"吴松古江,故道深广,可敌千浦",古人的治吴淞江水利办法,就是沿吴淞江每隔五里或七里,疏浚或开凿一条吴淞江的大支流,来分担吴淞江的排洪和蓄水能力,这样的河流统称之为"浦",直到今天,太湖流域称"浦"的河流特多,而且多为吴淞江的支流,如赵屯浦、大盈浦、桃浦、彭浦、周浦、杨树浦等。《云间志》讲的"上海浦,在县东北九十里"是指在华亭县城,即距今松江城厢镇九十里,这个距离大致上就是今天的上海老城厢附近,于是,后人大多认为,上海就是以位于上海浦滨而得名的,这也是讲得通的。但是,上海可以是以位于上海浦边上而得名的,也可以理解为上海浦是以上海得名的,那就是一个讲不清的问题了。

明《弘治上海县志》也是上海较早的地方志,该志卷一《沿革》中记:

> 上海县,称上洋,海上旧名华亭海。当宋时,蕃商辐辏,乃以镇名市舶提举司,及榷货场在焉。至元二十九年,以民物繁庶,始割华亭东北五乡,立县于镇,隶松江府……其名上海者,地居海之上洋故也。

古文没有标点,于是在理解古文时会产生异义,上面引文中的注文如将其理解为"称上洋、海上",那全句就应该理解为"上海县又称上洋和海上,旧名华亭海",直到今天,"上洋"和"海上"仍作为上海的别名使用;如果中间不点断,理解为"称上洋海上",那意思就变了,全句就应该理解为"上海县,又称'上洋海上',旧名华亭海",在上海方言中,"上"缀于词末念如"浪",义同上、上面、这里,如"床上"叫作"床浪",在地名中则多以方言音读作和写作"浪",应理解为"这里",以前上海地名中有所谓金家浪、汤家浪,此"浪"即"上"的土音,所谓金家浪就是金家宅这里一带,今杨浦区有"高浪桥",后多作"高郎桥",该地旧名"高

3

家浪",桥名本作"高家浪桥",后省作"高浪桥",那么"上洋海上"就应该是"上洋海浪",全句就可应理解为"上海县,又称'上洋海浪',旧名华亭海",也就是讲,"华亭海"是较早使用的地名,后来当地人把"华亭海"叫作"上洋海浪",而"上海"就是从"上洋海浪"的缩略语而得名的。我无法断定这两种释法哪一种更接近事实,反正,关于"上海"地名来历与现实没有太大关系,其文化上的意义更大,多一种故事,多一种传闻,多一种考证,也就是多了一些文化意义。但是,这一种说法就恰恰证明——上海不是得名于上海浦,而是上海浦得名于上海。

关于上海建县年份

县的繁体为縣，在《说文解字》中写作縣，并列入"県部"。《说文解字》"県，到首也。""到"即"倒"，"首"即"首"，就是人的头，古人把被砍下来的人头叫作"首级"，所谓"倒首也"可以理解为"被倒挂的首级"。"縣"字见于金文，写做縣，字形很清晰，由木（木）、糸（系）、首（首）合成的会意字，像把砍下来的首级用绳子倒挂在树上，古代，军队或政府为了震慑敌人或老百姓，会把敌人或罪犯的头砍下来后挂到树上，即成语所谓的"枭首示众"。《说文解字》："縣，系也。从系持首。"段玉裁《说文解字注》：

《周礼》："县系于遂。"《邑部》曰："周制，天子地方千里，分为百县，则系于国。秦汉，县系于郡。"《释名》曰"县，县也，县系于郡也。"自专以县为州县字，仍别制从心之悬挂，别其音，县去，悬平。

周王朝国土面积很大,单靠中央政府是管不过来的,于是,就把国家划分成许多行政区,这种隶属中央控管的行政区就叫作"县",就是取"县"有悬挂、挂靠之义。秦始皇实行"郡县制",分天下为三十六郡,郡的下面设"县",从此,"县"的级别低于"郡",是挂于"郡"下的行政区,后世就多仿"郡县制"。由于"县"已经成了行政区的专用名词,后人就另外造了一个"县"下加"心"的"悬",从此,"县"多用于行政区划单位名称,其原义就失去了。人们也在读音上加以区分,"县"念去声,念 xiàn,而"悬"念平声,念 xián,而今又念作 xuán。这段文字与本书的正文关系不大,但其是古汉语知识,而且有趣,权当赘言补入正文。

从秦始皇推行"郡县制"后,在相当长的一段时期里,中国长期实行——中央政府、郡、县三级行政体系,古代,对于在什么样的条件下才能设县是有标准和制度的,主要的参数就是人口或编户。古代中国的国土面积很大,但人口不多,一般讲,越是古代,人口越少,人口密度越低,所以,越是古代,一个县的人口越少,而面积越大。如唐朝制度,江南地区人口超过六千户的地方就可以或必须建县,在唐天宝十年(751年),原华亭地区的编户已达一万二千户,早就超过了建县的标准,于是根据吴郡太守赵居贞奏请,割昆山县之南境、嘉兴县之东境、海盐县之北境,置华亭县,这是今上海地区出现和建立的第一个独立的县级行政建置,这在上海历史上是一件重大事件。而当时的华亭县的面积很大,它大致相当于今天除嘉定区、宝山区、崇明县以外的全部上海市面积。

《元史·百官志》中记,"(至元)二十年又定江淮以南三万户之上者为上县。上县秩从六品达鲁花赤(蒙语"长官"的意思)一员、尹一员、丞一员、簿一员、尉一员、典史二员",而此时上海地区的编户已经超过三万,于是又分华亭县东北的五个乡置上海县。古代战争频繁,一般县城必须建造城墙,后来人们就把建县的年代称之"建城"的年代。1991年8月19日,几乎上海所有的媒体报道,这一天上海开展各种形式的纪念上海建城七百周年活动。问题在于上海的建县时间真的是七百年前的1291年吗?!

建县必须有一个过程,至少要经过地方审报、中央政府批准和正式挂牌的步骤。古代交通不便,上海距京城大都(今北京市)几千里,仅车马奔波传达文书就要花不少时间,当然,上海置县也会有一个过程。另外,现在中国的行政建置的设立年代一般以上级政府正式批准的时间为正式成立年代,但古代并无此强行的规定,有的以审报日期,有的以批准日期,有的以知县到任或县衙门挂牌日期,于是,关于上海建县年代就有不同的说法。《元史》是官方修的志,有权威性,《元史·地理志五》中是这样记录的:

> 松江府。唐为苏州属邑,宋为秀州属邑。元至元十四年升为华亭府,十五年改松江府,仍置华亭县以隶之,户一十六万三千九百三十一。至顺钱粮数。领县二:华亭上,倚郭、上海。上,本华亭县地,至元二十七年,以户口繁多置上海县,属松江府。

到了元朝,原华亭县的编户已经达到十六万余,远远超过元制"江淮以南三万户之上者为上县"的规定，于是在至元十四年(1277年)升华亭县为华亭府，次年又改名松江府，府下只有一个华亭县，几年后，即至元二十七年又析华亭县之东境置上海县。至元二十七年是公元1290年。《嘉庆松江府志》采用了《元史》的说法，称上海建县是"(至元)二十七年从知府仆散翰文(蒙古人)之议"，这句话可以理解为：至元二十七年听从松江知府仆散翰文的申请批准的。

张之翰是松江知府仆散翰文的继承者，他为上海镇学升格为县学写的《上海县学之记》碑(见上海人民出版社1980年出版《上海碑刻资料选辑》)中是这样讲的：

至元辛卯，割华亭东北五乡立县。甲午扁(编)县学。县尹周汝楫洎教谕诸执事。方营建未遑，遇圣上龙飞，首下崇儒之诏。明年改元，浙西廉访签司朱君思诚，按行是邑，适与余偕至。

张之翰是新任松江知府，他不至于把上海建县的年份搞错，而"至元辛卯"为至元二十八年，即公元1291年。赵孟頫(1254—1322年)，字子昂，号松雪道人，宋末元初人，家乡就在与松江相邻的浙江湖州(今浙江吴兴)，元朝初年，元政权为稳定政权，大量起用地方文人担任镇一级和县一级的长官，他就担任过"青龙镇监"，而青龙镇原为华亭县下辖的一个重镇，当置上海县后，青龙镇划归上海县，明万历析上海县之西境与华亭县之东境置青浦县时属青浦县，并为青浦县治，后来青浦县治迁唐行，即今青浦城厢镇，青龙镇就被民间叫作"旧青浦"。赵孟

8

頫是著名书画家，也许他也曾参加过上海建县工作，他写的《大德建学记》中也讲上海"昔治以镇，至元二十八年始升为县"，他也认为上海建县是1291年。又，明《弘治上海县志·卷五·建设志》收顾彧《图籍记》中也讲："上海为松江属县，其为县，自元之至元二十八年始。"

唐时措是宋末元初上海人，参加上海建县工作，他的《上海建县治记》中说：

> 至元壬辰春，圣天主以华亭地广，民众难理，命分高昌、长人、北亭、海隅、新江五乡，凡二十六保立县。

又说：

> 初，主簿郤将仕首至，是年闰六月二十二日，卜廨莅事。

按唐时措的说法，上海建县是"至元壬辰春"，即至元二十九年春，也就是公元1292年，而这一年知县周汝楫并没到任，最早到任的是"主簿郤将仕"，所谓"主簿"就是主管文书的官，根据上引张之翰《上海县学之记》，以及《弘治上海县志·卷七·官守志》，周汝楫是至元三十年，即公元1293年才到任的。

据以上论述，那些参加上海建县工作的当时人对上海建县年代就有至元二十七年、二十八年、二十九年三种不同的说法，这并不是yes or no 非此即彼的命题，只是建县必须有申请、报批、批准、挂牌的步

9

骤或过程，仅程序就需花上几年，而当时并无确定建县年份的强行规定，有的人以申请日作为建县之始，有的以批准日，又有的以挂牌日作为建县之始而已，上述的三种说法均没有错误。对地方而言，建县有划时代的意义，建县日期就是建城日期，是一个"节日"或"吉日"，地方志会不断重复叙述。保存最早的明《弘治上海县志·卷一·沿革》中说：

> 上海县。称上洋、海上时名华亭海。当宋时，蕃商辐辏，乃以镇名，市舶提举司及榷货场在焉。至元二十九年，以民物繁庶，始割华亭东北五乡立县于镇。隶松江。

上海最早的《县志》选择、确定"至元二十九年"，即公元 1292 年为建县日期，后来历年修的《县志》，以及民国编的《上海市年鉴》等也均以"至元二十九年"为上海建县的日期，我长期从事上海地方历史研究，我与我的同仁们也均以"至元二十九年"，即公元 1292 年为上海建县日期，这应该是一个定论，但就在 1991 年或再早一年，有人提出上海建县为"至元二十八年"，即 1291 年的"高调"，唱此"高调"的"功利主义"十分强烈，因为 1991 年是辛亥革命八十周年纪念日，又是中国共产党成立七十周年纪念年，如加上一个上海建城七百周年纪念年，一年中逢三个大庆日，那一定闹猛多了，欢庆多了，也真的没想到，这个尚无确凿依据的建城时间也被喜欢闹猛的人接受了——这就是"上海建城年代"出笼的真正原因，但闹猛过后，留下的后遗症太多太多，20 世纪 90

年代又是全国修志的高潮,当时大多数区县的上海地方志均要涉及上海建县年代,于是有的志按照传统定为"至元二十九年",有的采用"时髦"定为"至元二十八年",而更多的志二说并用,一会儿是"至元二十八年",一会儿是"至元二十九年"。如今,上海又将迎来一轮新的修志高潮,建议有关方面趁此机会再作斟酌,作一个慎重并经得起历史检验的结论。

从青龙镇到上海县

古代,设置县的主要参数是人口或编户,也就是讲,当一个地区或区域的人或编户超过了规定的数量,使地方政府的征税和管理工作量增大,就可以或应该立府建县。古代,农业落后,收成很低,如遇自然灾害,产量更低。粮食不足,营养不良,百姓衣不蔽体,食不果腹,人的寿命很短,婴儿死亡率很高。"人生七十古来稀",七十岁似乎就是人寿的极限,而八十岁的老人就会被视为"祥瑞",被编入地方志中。再加上战争、瘟疫、疾病等因素,中国的人口增长率是较低的。

公元1127年,宋高宗赵构迁都临安(今杭州市),建立南宋王朝,大量北方豪门望族随政府南迁江南,政权南迁使政治中心南移江南,促进江南经济发展和人口增长。中国的北方多陆地,以车载陆运为主,而南方是水乡,以舟楫水运为主。当南北议和后,南宋王朝为了扩大和增加财政收入,以及与北方的正常贸易,开展和加强对水上航运、贸易的管理和征税,在多处水上航运的冲要之地设立"市舶司",所谓市舶司,可以理解为早期的海关。明沈德符(1578—1642年)字景倩,浙江嘉兴人，万历四十六年(1618年)举人，其《万历野获编·卷十二户部·海上市舶司》中说：

按，市易之制，从古有之。而宋之南渡，其利尤溥。自和好后，与金国博易。三处榷场，其岁入百余万缗。

南宋的市舶司相当于后来省一级的机构，其下为分司，称之"市舶务"，但在行文中"司"与"务"往往混用，犹如今日的海关一样，凡有海关处一律称之"海关"一样。《宋会要辑稿·职官四十四》中有这样一段记录：

建炎四年(1130年)，提举两浙路市舶刘无极言："近准户部符，仰从长度，将秀州华亭县市舶务移就通惠镇，其经久可行，事状保明申请施行。今相度欲且存华亭市舶务，却乞令通惠镇税务监官，招邀舶船到岸，即依市舶法就本州抽解。每月于市舶务轮差专评一名前去主管，候将来见得通惠镇商贾免盘驳之劳，往来通快，货物兴盛，即将华亭市舶务移就本镇置立。"诏："依"。

原来，在设立两浙市舶司时，在其辖下的几个县设市舶务，华亭市舶务即其中之一，衙门设在华亭县，但真正的水上贸易和征税在青龙镇，也就是通惠镇，商船泊在青龙镇，要到华亭县城去"报关"；华亭务养了一批官僚，只拿钱，不办事，还凭借上级特派官吏的身份胡作非为，于是才决定将华亭务迁到青龙镇。据同书记载,"绍兴三年(1133年),两浙提举市舶司有临安府(即杭州)、明州(即宁波)、温州、秀州华亭、青龙五处市舶务。"小小的青龙镇市舶务与各州的市舶务并列,说明青龙镇在航运和贸易上的地位。

建于唐代的青龙塔,现为市级文物保护单位

青龙镇原来在吴淞江的南岸,是滨吴淞江的。南宋迁都临安,政治中心南移促进江南经济发展和人口增长,同时又带来另一个问题,那就是耕地不足,于是政府就动员百姓开垦荒田,"向滩涂要田",根据旧制,政府把农田分作上、中、下三等,根据土地的优劣分档次确定税额,对新开垦的土地,在三到五年内免税,期满后参照下等耕地征税。太湖流域几乎没有山,多的是河流荒滩,百姓大力开垦滩地,或利用滩地种植水生植物,使河道萎缩,河床变浅,排泄和蓄水能力降低,对吴淞江而言,水速减慢,水流量减少,就使江水中夹带的泥沙在未进入大海前就沉积下来,又进一步加快河床的萎缩,到了南宋中后期,靠近青龙镇的那段吴淞江淤塞严重,人们只得在青龙镇的北面另外开挖一条大河,替代那条被淤塞的吴淞江,在今天的地图上能看到,青龙镇(青龙镇曾为青浦县城,俗称"旧青浦",今地图上标"旧青浦")距吴淞江约2—3公里,人们就改称那条被废弃的吴淞江旧河道为青龙江,人们又花了大量人力和物力疏通青龙江,希望进出吴淞江的船只经青龙江进入青龙镇,而实际上,青龙江淤塞的速度远大于疏浚的速度,真如《宋史·食货志下·八》中所讲:"后江、浦湮塞,蕃舶鲜至",青龙镇以港兴市,也以港的衰落而衰落。

在《上海名称的来历》一文中已提到,至迟在北宋熙宁时上海已是一个酒务,就是酒业的市场和征税机构,从北宋末到南宋的百余年间,上海的经济有所增长也是必然的。《宋会要辑稿·食货十七》中收录了南宋绍兴六年(1136年)昆山知县张汉之上言(当时,包括嘉定、宝山均属昆山县),说:"江湾浦口,边枕吴淞大江,连接海洋大川,商贾舟船多是稍入吴淞江,取江湾浦入秀州青龙镇。其江湾正系商贾经由冲要之地。其间有不到青龙地头收税,便于江湾浦出卖旅客,得以偷瞒商税,不无走失课利。乞于江湾浦口置场,量收过税。"不久"于昆山县江湾置税务"。江湾在吴淞江入海口附近,当海船进入吴淞江后,应该到青龙镇报关交税,但一些商船为贪图方便,更为逃避征税,就近在江湾卸货,把货品出售,使政府财政收入受损,于是,昆山知县上言在江湾设立税务机构。江湾在吴淞江北岸,以是吴淞江河湾而得名,但江湾属昆山县,隶属苏州,而青龙镇属华亭县,隶属秀州,当然,江湾的征收与青龙镇、华亭县、秀州是没有关系的,估计,为了争取征税,上海务的力量也有所加强。当青龙镇彻底衰落后,就决定将青龙镇的市舶务移到上海,至于是哪一年移上海的,没能找到明确的记录。董楷是第一任上海市舶司官吏,也是他到上海后建造了市舶司衙门,该衙门内建有井亭,叫作"受福亭",董楷还为之写了《受福亭记》,明《弘治上海县志》收有《受福亭记》全文,抄录部分如下:

咸淳五年(1269年)八月,楷忝命舶司,既愈二载,自念钝愚,于市民无毫发补益,乃痛节浮费,市木于海舟,陶埴于江渍,自舶司右移此建拱辰坊,尽拱辰坊创益庆桥,桥南凿井,筑亭曰受福亭……

如此推算,上海市舶司应设立于咸淳三年,即公元1267年。明《弘治上海县志·卷一·沿革》中说:"当宋时,蕃商辐辏,乃以镇名,市舶提举司及榷货场在焉"。应该讲,由于市舶司移到了上海,使上海的重要性提高了,几乎与此同时,上海就正式建镇,而镇的设立又进一步促进上海的发展。

南宋咸淳已是南宋末年,也是元朝至元初年,仅十余年后,元朝灭宋。元至正八年,也即南宋咸淳七年(1271年)元王朝正式建立。《元史·地理志五》中记:

元至正十三年,平江南。立两浙都督府,又改为安抚司。十五年,改为杭州路总管府。二十一年,自扬州迁江淮行省来,治于杭,改曰浙江行省。

杭州是前宋的京畿,地位十分重要,于是在元至元十三年,元政权彻底控制江南后,对这里的行政设置作了重大调整。古代,中央政府的最高机构称"中书省",从元代开始在全国设"中书行省",相当于中书省的派出或直辖机构,中国把中央政府下设的大行政区称——省（department）,即从元朝的"行省"开始的。在对大区作规模性调整的同时,也对下面的"府"作调整,如《元史·地理志》中所讲:

> 松江府,唐为苏州属邑。宋为秀州属邑。元至元十四年,升为华亭府,十五年,改松江府,乃置华亭县以隶之,户一十六万三千九百三十一。至顺钱粮数。领县二：华亭上,倚郭。上海上。本华亭县地,至元二十七年,以户口繁多置上海县。属松江府。

古代,根据县的人口或征税额分作上、中、下三等,"上"即"上县",旧又称"壮县",在江南大区行政建置调整的同时,于至元十四年升原华亭县为华亭府,明年又改称松江府,最初松江府下只有一个华亭县,过了十几年后,因为这里户口繁多,于"至元二十七年"又分华亭县东部的五个乡置上海县。在相当长的一段时间里,松江府下只有华亭和上海两县。

长期以来,上海把建县年份固定在元至元二十九年,即公元1292年,但《元史》则把上海建县定为"至元二十七年",今人又提出"至元二十八年"的新说法,这其中的故事,可以在《关于上海建县年份》一文中读到。

沙船与上海港

沙船

中国实行改革开放政策后,经历了"文革"浩劫的中国大地迎来了新的曙光,百废待兴,蒸蒸日上,在全国的许多城市开展了选自己城市市标的活动,白玉兰被选为上海市花,沙船被定为上海市标。确实,沙船对于上海以港兴市发挥了很大的作用,但是,沙船毕竟是古老的木帆船,近代以后,用蒸汽机驱动的火轮船成为水上航运的主流,原始古老的沙船逐渐退出历史舞台,大概到20世纪初后消失,也许,如今健在的人谁也没有见到过真正的沙船,人们最想知道的就是这种船为什么叫做沙船。

沙在甲骨文中写做 ,《说文解字》:"沙,水散石也。从水,从少。水少沙见。"古汉语中的"见"往往是"现"的古字。《说文》的意思:

沙是江滩的散石粒,当水位低的时候,江滩上的沙粒就显现出来,所以这种江滩上的散石写作"沙"。实际上我们还可以从另一角度去理解"沙"字,它就是指水边的沙滩或可以耕种的沙地,如《诗经·大雅·凫鹥》是祭祀祖先时唱的诗歌,其中有:

凫鹥在沙,公尸来燕来宜。
尔酒既多,尔殽既佳。
公尸燕饮,福禄来为。

凫就是野鸭,鹥是鸥鸟;"公尸"就是古代祭祀中装扮祖先的人,"燕"古文中通"宴",而这里的"沙"就是河边的沙滩、沙地,诗可译作白话诗:

野鸭和鸥鸟在沙滩嬉水觅食,
"公尸"正敞开肚皮地宴饮。
酒如琼浆玉液,
菜肴既多且美。
伟大的祖先呀,
一定赐福后人。

苏东坡《自金山放船至焦山》诗:"云霾浪打人绝迹,时有沙户祈春蚕。"东坡自注:"吴中谓水中可田者为'沙'。"

上海东濒大海,长江、吴淞江在上海注入大海,受潮汐的影响,近海

19

的河段有明显的涨潮落潮现象，使河流的水速发生明显的不规则变化，江水中夹带的泥沙容易在出海口附近沉淀，年积月累，就在江口形成滩地，有的滩地逐渐露出水面而成岛，江南一带称之"沙"或"沙岛"，有记录的"沙"数以百计，而目前仍存的"岛"在历史上均称之"沙"，如崇明沙、横沙、长兴沙、团结沙、九段沙等，有的"沙"与陆地相连而成陆地，使上海的海岸线不断向东推延，如历史上的鸭窝沙、老鼠沙、川沙等。

陶宗仪（1316—？）字九成，号南村，元末明初人。原籍浙江黄岩，长期居今上海市松江区泗泾镇，是著名学者，其《南村辍耕录》为著名笔记，涉及上海的事颇多。该书卷五《朱张》一文中说：

> 宋季年，群亡赖子相聚，乘舟抄掠海上。朱清、张瑄最为雄长，阴部曲曹伍之。当时海滨沙民富家以为苦，崇明镇特甚。清尝佣杨氏，夜杀杨氏，盗妻子货财去，若捕急，辄引舟东行，三日夜，得沙门岛，又东北，过高句丽水口。见文登、夷维诸山，又北，见燕山与碣石。往来若风与鬼，影迹不可得，稍息，则复来。

朱清是崇明人，张瑄是嘉定新华乡八都（今浦东新区高桥）人，南宋末年，政局动荡，他们组织沙民为海盗，掠人妻子，盗抢货物，一旦遇上官兵，就乘舟逃入海中，向北逃到沙门岛（在今蓬莱西北六十里海中）、高句丽（今朝鲜）水口，官兵奈何不了他们，不多久，他们又卷土重来，百姓吃足了苦头。一种说法，这种船产于崇明沙，适宜于近海浅滩中航行，于是被叫作"沙船"。明末宋应星《天工开物》则以为这种船一般为五帆平底浅船,适宜于中国北洋近海航行,北洋水域多滩地,一旦退潮水浅,不致翻船,当下一次涨潮时可继续航行,这种船"可穿越于沙洪之中",于是被叫作"沙船"。

中国东濒大海,海岸线很长,古代,一般以长江入海口为界,以北的海面称"北洋",以南的海面称"南洋",清代有北洋水师、南洋水师;北洋通商大臣,南洋通商大臣等。北洋依托的陆地是华北平原,千万年来,黄河,淮河(明朝的"黄河夺淮"后,淮河下游成了黄河的最下游)夹带的泥沙进入大海后就沉淀下来,形成了一个绵延几十里,甚至百里的滩涂,涨潮时,滩涂被海水淹没,退潮时,滩涂露出水面,只有平底浅船才能在滩涂的夹沟中航行,一旦偏航搁浅,还不致立即沉没,在这里航行的船只主要有两种,一种即南方的沙船,一种为山东的"卫船"。据说,"卫"本是一种驴子的别称,山东产驴,故古人称山东为"卫",所谓"卫船"就是山东船。南洋依托的陆地是浙江福建的丘陵和山地,沿海多岛礁、悬崖,这里水深浪急,只有浙江、福建、广东产的深水海船才能在这里航行。换言之,北方南运的货物必须进上海港,改换南方深水船才能继续南下,而南方北运的货物,也必须进上海港,改换沙船或卫船才能继续北上,上海位于南、北洋之中点,地理位置决定了它是近海航运的枢纽和货物的集散地。

《南村辍耕录》还讲:

杭、吴、明、越、扬、楚与幽、蓟、莱、密、辽、解,俱岸大海,固舟航可通,相传,朐山海门水中,流积堆淤江沙,其长无际。浮海者以竹竿料浅深，此浅生角，故曰料角，明不可度越云。

虽然，南洋和北洋都是海洋，但是，由于海域的深浅不一，不少地域海岸线隐藏着很长很长的淤沙带，它又成了南、北洋航运难以逾越的鸿沟，只有熟悉这里的地貌，长期在这里航行的人才能利用滩涂的夹沟航运。南宋，中国被分割为南北两大块，南北之间海上往来很少，海上航运也不发达。元灭宋后，事情就发生了很大的变化，元朝建都大都，为了解决北方粮食供应不足的困难，元政府决定对江南的农业征税部分改征实物税，即直接征收白米，然后北运，即今所谓"南粮北调"。古代运输主要为水运，于是，大量的粮食运输称之"漕运"，所运的粮食称之"漕粮"、"漕米"，因是皇家运输，又称之"皇粮"。据记载，在元至元初、南宋末，元兵攻占南京后，就急于把掳掠的皇家档案、财产、器物运到北方，但怎么把这么多的东西运到北方，于是，"延议：兵方兴，请事招怀。奏可。(朱)清、(张)瑄即日来，以吏部侍郎左迁七资最下一等授之。令部其徒属，为防海民义，隶提刑，节制水军。江南既内附，二人者，从宰相入见，授金符千户。"朱清和张瑄被招降后，得到了一个"金符千户"的职官，他们的部下也改编为水军，负责把从南宋政府掳掠的档案和金银财宝，通过沙船，沿近海运到北方。当元政府决定实施"南粮北调"时，中国传统的南北水运唯一的航道淤塞严重，正如陶宗仪所说："时方挽漕东南供京师，运河隘浅，不容大舟，不能百里、五十里，辄为堰潴水，又绝江淮，溯泗水，吕梁彭城，古称险处；会通河未凿，东阿茌平道中，东运三百里，转输艰而糜费重。"由于南北的战争，南北的交往中断多年,大运河的航运作用不大而淤塞严重,大船过不去,小船行若干里又得通过驳运再北上,运河漕运十分艰难,成本又很高,于是,朱清和张瑄"二人者,建言海漕事。试之,良便。至元十九年也。上方注意,响之。初,年不过百万石,后乃至三百万石。二人者,父子致位宰相,弟侄甥婿皆大官,田园宅馆遍天下,库藏仓庾相望,巨舶大舶,帆交番夷中,舆骑塞隘门巷,左右仆从皆佩於菟金符,为万户千户。"至元十九年(1282年),朱清、张瑄建议漕运改为沙船海运,试下来效果不错,每年"南粮北调"量达三百万石(如以每石160斤计算,约合二十四万吨),他俩也以运漕有功,官位相当宰相,并成为最富裕的人。

　　海上漕运的基本方法是,在长江沿岸建立多处粮仓,征收的漕粮通过小船运输集中到大仓,再装上沙船,沿长江而下,入海后北上。其中又以江苏太仓的粮仓为最大。《太仓州志》中讲:"至至元十九年,宣慰朱清、张瑄等建议海漕,置海运仓于此。是时,海外诸番,交通市易,谓之'六国马头'。"漕运是国家最大宗的海上运输,年运量为三百万石,如以当时沙船载重一百吨(当时的木船一般达不到一百吨),一年内南北往返二至三次,估计就有两千条沙船在中国近海和长江下游穿梭往返。海上风急浪高,一般讲,空船浮在水面较高,容易翻船,漕运是"南粮北调",于是近代后有人猜测,当沙船在北方的码头卸货后,因为没有货物带回,就在船上装沙子压舱南运,人们见到船下卸下来的全是沙子,于是把这种船叫作"沙船",这当然属于望文生义的胡思乱想。实际上,中国的东北盛产大豆,大豆是豆制品的主要原料,消耗量很大,大豆可以压榨豆油,也是中国食用油的大宗,压榨豆油后的豆渣一般压成饼状,称之"豆饼",是上好的精饲料,也是棉花的上佳肥料,所以,沙船北上卸货,再装大豆、豆油、豆饼等南运,这些南运的大豆部分在上海港卸货,再分销到全国各地,今天,上海大东门外与黄浦江之间有一条叫"豆市街"的小路,这里在历史上就是中国最主要的豆类集贸市场。上海就是"以港兴市"的城市,在上海港兴起不久,就决定设置上海县,唐时揩是参加上海建县的人员之一,明《弘治上海县志·卷五·公署》收录了他的《上海建县治记》,说:

> 上海县,襟海带江,舟车辏集。故昔有市舶、有榷场、有酒库、有军隘、官署、儒塾、佛仙宫馆、盯廛贾肆鳞次而栉比,实华亭东北一巨镇也。至元壬辰(1292年)春,圣天主以华亭地广,民众难理,命分高昌、长人、北亭、海隅、新江五乡,凡二十六保立县,上海因以名,隶松江府,从参政冀公之清也。领户六万四千有奇,岁计粮十有二万余石,酒醋课程,中统钞一千九百余锭。

毫无疑问,沙船对上海港的兴起和发展,以及对上海城市经济发展中所起的作用是巨大的。不过,到了明朝初年,朱元璋抢在其他的农民军之先登基做了大明王朝的开国皇帝,由于利益分配不均而引起其他农民军的不满,于是,朱元璋又调集精兵强将镇压反对他做皇帝的农民军,被击溃的农民军只得转移到边境和沿海岛屿,成了海盗。朱元璋建都南京,不必继续实行"南粮北调",于是他下达了极为严厉的"海禁"令,即禁止在中国近海开展航运和贸易,凡大船一律收编海师,小船就地销毁,"海禁"的目的是切断海盗与大陆的联系,围困和镇压海盗,而其造成的后果是,中国从宋元兴起的海上航运业衰落,已经形成的,包括上海在内的沿海港口城市衰败,"海禁"令几乎贯穿了明朝和清初的三百余年,虽时禁时弛,但以禁为主,一直到清康熙颁布"弛海禁"令才告结束。

倭患与上海筑城

朱元璋定都南京，江南是粮食的主产区，就不必花很大的财力、人力实行"南粮北调"，漕运基本中止。而朱元璋为了围剿、镇压流窜沿海诸岛的农民军，又推海严厉的"海禁政策"，阻断农民军与大陆的交通。朱元璋在位三十年，在他在位期间，海盗实际上已基本被镇压。朱元璋驾崩后，由孙子，即懿文太子朱标的第二子朱允炆继位，即明惠帝，年号建文。建文皇帝召用方孝孺等，订立典章制度，锐意复古，并削弱藩王的势力。朱棣是朱元璋的第四子，封燕王，领地在今北京一带，得知建文皇帝要削弱藩王势力后，就以"靖难"为名，起兵进攻南京，建文皇帝逃离京城，不知所终，于是朱棣自立为皇帝，年号永乐，不久，他就迁都北平，即北京。于是又遇上"南粮北调"的问题。明沈德符《万历野获编·卷十二·河漕·先朝设海运衙门》中说：

文皇帝靖难后，初议迁都北京，以馈饷艰苦，乃于永乐五年八月，下廷臣会议海运。议已定，奏请于苏州府太仓卫设海道都漕运使衙门，左、右运使二员，秩从二品；同知二员，秩从三品；副使四员，秩从四品；经历照磨各首领官及吏，悉依布政司。各沿海卫、所，俱属提调。奏既上，太宗如议行矣。又有言不便者，乃命再议。事遂中止。至正统七年三月，又命南京造洋船三百五十艘。由海运赴蓟州诸仓。乃知海运一事，先朝未常一日不讲究。

由于永乐皇帝迁都北京，为解决北方粮食供应不足，就重新讨论恢复海上漕运的问题，还决定在太仓设一个"海道都漕运使衙门"，长官官从二品，地位等同省布政使，沿海的军事单位也由这个衙门提调。不过，也有人提出太祖皇帝朱元璋颁布的"海禁"令而加以反对，这又将了永乐皇帝一军，所以，这个主管海上漕运的衙门是否正式设立也不太清楚，一直到明英宗正统七年（1442年），"南粮北调"到了非解决不可的严重程度，才下令南京造了三百五十艘海船。实际上，明朝的"海禁"始终没有解除，只准许官方的漕运官船往返于北洋之间，而对民间的航运仍处于高压的态势。

明朝，关于以海运的方式解决"南粮北调"的问题争论不休，于是，一方面继续有限开展海上漕运，另一方面加紧疏浚和打通大运河，争取将漕运由海运改为运河运输，但中央政府对"海禁"的政策始终没有停止，时禁时弛，以禁为主，这就使中国从元朝已经形成的海上航运业衰落了下来，其中不少商人只得离开中国，到南洋、东洋各地，这也是中国有史以来规模性向海外移民的发端。《万历野获编·户部·海上市舶司》中说：

>　　我朝书生辈,不知军国大计,动云禁绝通蕃,以杜寇患,不知闽广大家,正利官府之禁,为私占之地。如嘉靖间,闽浙遭倭祸,皆起于豪右之潜通岛夷,始不过贸易牟利耳,继而强夺其宝货,靳不与直(值),以故积愤称兵。抚臣朱纨谈之详焉。

因海禁而跑到南洋、东洋的船商就成了"蕃",而无视国家海禁法令,继续在近海贸易的商人又成了"寇",为了做生意,"蕃"和"寇"又往往联合起来,开展外洋与中国大陆的航运、贸易,这种行为是非法的,用现在的话讲就是"走私"。于是主张解除海禁的官吏批评坚持海禁的官吏:你们这是书生气十足的人,根本不懂政治、军事,只知道强行阻止中外通商,就可以杜绝中国商人与外国商人的勾结;而实际上,中国的南洋海域辽阔,靠政府的力量根本无法管控,而商人们在这里"走私"游刃有余。商人们只是希望通过正常贸易获得利润,但我们处处设防,使他们的贸易无法正常进行,为了对付官兵,商人只得自己武装,一旦与官兵相遇,还能作抵抗,而商船武装的结果,一旦生意不顺利,就会发生抢夺、殴斗、伤人;更有甚者,地方官兵为了自己的利益,又往往向外国商人或中国商人收取"保护费"(即引文中讲的"靳不与直"),商人与官兵的斗争也愈演愈烈,于是,事态又从"武装走私"发展到"武装抢掠","嘉靖间,闽浙遭倭祸,皆起于豪右之潜通岛夷"。到了明朝嘉靖中期,沿海的倭患到达最严重的程度,据记载,仅嘉靖三十二年(1553年)的上半年,上海就遭三次倭寇入侵,被掠去财产无数,百姓损失惨重,于是,就在这年的下半年,上海百姓众志成城,有钱出钱,无钱出力,筑起了一道城墙。《同治上海县志·卷二·建置·城池》中收录了当时上海人顾从礼关于上海筑城的奏疏,详言上海筑城的原因,说:

上海,宋市舶司所驻之地。元至元二十九年设县,治(旧时,政府所在地称"治")原无城垣可守。盖一则事出草创,库藏钱粮未多;一则,地方之人半是海洋贸易之辈,武艺素有通习,海寇不敢侵犯。虽未设城,自无他患。

从上海建县到明嘉靖年间(1522—1566年),已经过了二百五十年,情况发生了很大的变化,首先,上海已经是相对富裕的县城,每年的钱粮收入就达四十余万,而上海县治就在滨黄浦一里之地,海盗闯入内陆后,沿黄浦就直抵上海,经常发生海盗入侵上海的事,"嘉靖戊子(1528年)等年,屡被贼劫烧,杀伤地方乡官、商人、居民不下百有余家。盖贼自海入,乘潮取掠,如取囊中,皆由无城之故。"顾从礼的奏疏很快就得到批准。

清末上海城墙和城门,已是残垣断壁

潘允端是上海豫园的主人，官四川右布政使，《同治上海县志》中收录了他写的《筑上海县城记》，说：

> 上海，故未有城。嘉靖癸丑(1553年)，海寇肆虐者数矣，群凶觊觎，攘臂首至，民无固心，受祸尤酷。郡侯方公忧之曰：斯城不筑，是以民委之盗也。乃建议城之。公以忠诚之心，集众思之益，酌以义布，以公发，以果于用。取田赋之禆益者于工，取佣民之受直(值)者于费，不足，附以库钱之羡者……

在上海城墙筑成后的第二年，即嘉靖三十三年(1554年)正月十八日，有倭寇船七艘闯入上海，打败了守卫吴淞江口的崇明水师，一路到了上海县城东门外的黄浦江边，由于有了城墙，时任按察司佥事的董邦政在敌众我寡的情况下组织反击，因为有了城墙，百姓的胆子大多了，他们在各方面配合、支持官兵，击退了倭寇的多次进攻，倭寇只得撤退离开上海。一直到明嘉靖三十五年，沿海倭患始终十分严重，上海也是如此，但有了城墙，使上海的损失下降到最低。

上海城墙与城门

顾从礼,字汝由,他的父亲叫顾定芳,字世安;他的曾祖父叫顾英,字孟音,号草堂;顾英的父亲叫顾敏,《上海县志》有传。顾英的原籍是崧泽(今上海市青浦区崧泽),致仕后定居上海县城。崧泽原属上海县,明万历析上海县西境置青浦县,崧泽隶属青浦县。于是,《青浦县志》把顾英定为青浦人,这两种说法都是不错的。

据《同治上海县志·卷十八·人物》中记载:顾英的父亲叫顾敏,祖父叫顾仲睦,是崧泽望族。朱元璋初定天下,为稳定政局而对江南豪门采取高压的态势,顾仲睦受到牵连,并被定死罪,年仅十三岁的顾敏就刺血上书,为父申冤,最后救回了父亲的一条命,并被朝廷"诏旌其门"。顾英是明天顺三年(1459年)举人,授广西同知,后任广南太守,颇有政绩,致仕后居上海城里,并筑南溪草堂。《同治上海县志·卷二·建置·坊表》中记:

中大夫坊。为顾英立。旧名琴鹤。在火神庙西。

> 崇贤坊。为顾英、顾定芳、顾从礼立。今废。

明朝的"中大夫"只是一个虚衔，是对六品、从六品官的别称，大概是顾英逝世后，顾氏家人或上海人为他立了一个纪念坊，一直到清同治年间(1862—1874年)这座碑坊还在，坐落在"火神庙西"，今大东门内有一条叫"大夫坊"的小路，应该讲，当年的顾家就在今大夫坊一带，而"大夫坊"就是以原顾英纪念坊——中大夫坊而得名的。

顾定芳，字世安，《县志》中称其"以德器称，练达世务，尤精医理。世宗(嘉靖皇帝)建圣济殿，召为御医。问之。曰：'用药如用人。'又问'摄生'。以'清心寡欲'对。世宗嘉之，曰：'定芳非医也'"。顾定芳还做了一件令上海人感动的事，福建莆田人郑洛书任正德十五年至嘉靖四年(1520—1525年)上海知县，政绩颇佳，死于任上，但其家族均在老家，且家贫而无法到上海扶柩回乡，顾定芳出资，并亲自把郑书洛灵柩运回莆田下葬，还在莆田购置土地给郑家后人，受到上海和莆田人的称颂。

顾从礼没能取得功名，也许由于父亲顾定芳是御医的关系，"世宗狩承天诏，选善书者给事行在"，嘉靖皇帝因朝廷需要誊写公文信函的人，顾从礼的字写得很好，遂被召入宫中，"授中书舍人，办事制敕房，兼翰林院典籍，预修玉牒"，"历官太仆寺丞、光禄寺少卿，加四品服"，他是内官，有直接与皇帝见面的机会，当然，由他向朝廷申报建设上海城墙是最合适的，顾从礼也参与了上海城墙建设，还"出粟四千石作小南门"。《同治上海县志》中提到，"(顾)英筑南溪草堂，在肇溪南"，"肇溪"即肇嘉浜,显然,撰《同治上海县志》者大致知道顾英南溪草堂的位置的,1935年,上海通志馆一行数人曾到实地踏勘,虽没找到南溪草堂的遗迹,但大致确定了南溪草堂的位置,在今肇嘉浜路南,打浦桥路一带,1995年,打浦路斜土路的某工地施工时发现古墓,后由上海博物馆发掘出明朝棺木,尸体完整,并送上海自然博物馆,该棺木的主人就是顾从礼,当时也是轰动上海的大事。

上海筑城工程于明嘉靖三十二年(1553年)十月动工,当年底就基本完工。工程速度之快可想而知。工程使用版筑,就是先用木板固定成样子,就地取土,把挖出来的泥土,再拌上

清末上海城墙内

石灰、砂子、碎石填入木板的木架中,再用人工夯实,取土的地方就成了濠,就是护城河,夯实的土堆就成了城墙。上海城墙为圆城,周长9华里,高2.4丈,开设六扇城门,从东向南(顺时针)依次为:宝带门(小东门)、朝宗门(大东门)、朝阳门(小南门)、跨龙门(大南门)、仪凤门(西门)、晏海门(北门)。城门是城里城外的通道,当时在东、南各开二门,而西、北各开一扇门,说明,当时从东面和南面进出县城的人较多,而从西、北进出的人较少;当然,当城墙筑成后,就把市和郊明确地确定下来了,按中国古人的说法,"邑外为郊,郊外为野",城里就是邑,是

市中心区,城外就是郊区,就是乡下。不过,随着城市的发展和城市人口的增长,以后又会在城外与城相连的地方出现人口居住密集,并有一定商业活动的区域,在汉字中,正屋边上的房屋称之"厢",于是,城外人口密集并有一定商业活动的区域称之"厢",今人讲的"城厢"、"老城厢"是指城里和城外的地方。

当初,筑城墙的目的是抵御倭寇,工程几乎没有事先的规划设计,建设也十分仓促和草率。上海属江南水乡,河流纵横,不仅是人们出行的通道,还是人们生活用水的主要来源。初筑城墙时在小东门处开一水门,使方浜(相当于今天的方浜东路和方浜中路)流入城里,并在大东门和西门各筑一水门,使肇嘉浜(全河相当于今天的肇嘉浜路、徐家汇路、方斜路、复兴东路)从城里穿过,注入黄浦江。到了明万历二十六年(1598年)又在小南门加建一水门,引薛家浜(相当于今油车码头街、薛家浜路、乔家路)进入城里,所以,上海城墙共有四扇水门,水门还与护城河相通,当时的木船可以通过水门进出城里城外。

在冷兵器时代,城墙是城市坚不可摧的防御体,人们还以铜墙铁壁、金城汤池比喻坚不可摧的城市,但在火器时代,火炮可以轻易地把城墙摧毁,城墙在军事上的作用已逐渐丧失。清咸丰三年(1853年)上海爆发小刀会起义。孔子是圣人,古代,中国定于每年春、秋二季的第二个月的第一个"丁日"祭祀孔夫子,称之"丁祭",又以秋天的"丁祭"更隆重,地方政府长官率领文武百官到文庙祭孔,这一年的八月初五(9月7日),小刀会利用上海文武百官正在文庙丁祭的时机,占领了上海知县衙门,控制了上海县城,上海道台吴健彰被生擒,而署理上海知

34

县袁祖德闻讯后，立即赶回衙门，试图劝义军放下屠刀，立地成佛，不料被起义军当场捅死，成了起义军刀下冤鬼。

开始，上海租界对清军与小刀会起义军之间持"武装中立"的态度，通过一年多的谈判，租界当局同意协同清军攻打上海县城，镇压小刀会起义，法国人梅朋、傅立德著《上海法租界史》详细描述法军攻打上海县城过程，说：

(1855年)1月6日，星期日，早晨6时，安置在领事馆附近的两门炮向北城开火。与此同时，有两列纵队，每队四排，共二百四十人，在围墙的掩护下排列好，准备攻打。一个纵队打算从12月9日毁掉的那座庙宇（指大境天帝庙）下面的城墙缺口冲进去，另一个纵队的目标是北门。在炮弹的轰击下，木桩钉成的胸墙被打得粉碎，上面的砖面也掉了，炮台的垒道开始坍下来。一小时后，估计缺口可以通行了，就吹起冲锋号，第一纵队由马索上尉带领，向前冲去……

法军用两门炮轰击上海北城墙，仅一个小时就将城墙轰出一个大口子，法兵就从这个口子冲进城里，小刀会就被镇压了。

城墙是军事设施，它的建设、修建和拆除必须得到上级的批准，所以，当战争结束后，"巡道赵德辙等提善后捐，缮葺如旧"，就是讲，上海道利用善后款又将这个缺口堵上，"修旧如旧"。

1853年，太平军占领南京建立太平天国王朝，清军立即组织"江南"、"江北"大营围困,围攻南京。1860年,太平天国为了减轻、摆脱清兵围困的压力,派忠王李秀成率军突围东进,李秀成骁勇善战,突围后一路高歌东进,攻占镇江、常州、无锡、苏州、昆山、宁波、杭州等苏南浙北主要城市,并逼近上海,清廷只得召募美国人华尔等组建"洋枪队",镇压太平军东进军,"洋枪队"是清廷召募的"雇佣军",等于是中国军队,不能驻扎租界,而只能驻扎到上海城里,但上海北城墙只有一扇北门,军队进出十分不便,《同治上海县志·卷二·建置·城池》中说:

(咸丰)十年,粤寇(指太平军)逼境。巡道吴煦于城上箭台拨兵、置炮,并于振武台右辟小北门,以便西兵出入。同治五年,巡道应宝时添筑小北门月城,并整葺各门营房、敌楼、吊桥如制。

文中讲的"小北门"并不是后来讲的"小北门",而是"新北门"。上海道应宝时有《上海北城障川门记》,说:

咸丰十年夏,粤寇以数十万众犯苏松时,泰西兵驻洋泾浜,我师扼险要,为犄角之势。西人以驻兵处距北城晏海门(即北门,也即后来的老北门)少(稍)远,疏于斥堠为虞,请在晏海门迤东里许,就堞开门,将以利其驰御也。顾议者不一,守经之士以为徇一时之急,于常制外增置一门,不可以示当时传后世。而审时度势者以为不然,当疆圉孔棘之际,城立安危,兆民之存亡系焉,苟能利吾城与民,何待西人之请而始增此门乎!为所当为,毅然为之而已矣。

看来,当时为增开一门也有截然不同的意见,保守派认为城墙是祖产,不能轻易改变,而务实派认为,开城门有利于战事,有利于百姓,该开就得开,该门开在"晏海门迤东里许",就是今四川路人民路口的"新北门"。

《上海北城障川门记》还说:

其事始于同治五年(1866年)七月,蒇于是年十二月……统用工料银八千七百七十余两,皆出自郭郎中。

看来,在1860年太平军东进时,就将在小刀会起义期间被法兵轰开的北城缺口重新打开,当作通道使用,当太平军被镇压后,这个缺口不再堵上,建造了城门,用去白银八千七百多两,而这些钱都是一位叫"郭郎中"捐的,汉语中"郎中"有二义,其一即医生,其二是职官,为五品官,清代多为通过捐纳获得的虚衔,不必有官职,据记载他是一位潮州商人,叫郭学玩,志书记载不详,今略。

文章最后说,当门建成后:

于是邮请肃毅伯名其门。曰"障川"。盖取昌黎"挽狂澜障百川"之语,而忧深思远之意,亦于是乎!

"肃毅伯"是李鸿章的封号。当新北门建成后,应宝时请李鸿章给门取名,封建统治者视农民起义为洪水猛兽,李鸿章取唐文学家韩愈的"挽狂澜障百川"句,取名为"障川门",于是,新北门内的路就叫作"障川街",即今天的"丽水路"。这是北城上新开的门,俗称"新北门",也因为有了"新北门",原来的"北门"就被叫作"老北门"了。

又过了几十年,上海城墙上又开了拱辰门(小北门)、福佑门(新东门)和尚文门(小西门),这就放在《上海拆城和城墙砖》中介绍。

上海拆城和城墙砖

　　上海有一个民间考古爱好者的团体,他们穿梭于上海大街小巷,寻找上海历史遗迹,并把自己的"发现"公布于他们的网站上,为相关机构提供信息,提高了人们对文物的兴趣和认识,功劳可不小。2014年8月13日,该网站上又发布了一信息,称在上海黄浦区(原卢湾区)的自忠路60弄福源里拆房工地上发现大量明朝和清朝时期的城墙砖头,少量的砖上有"咸丰五年"、"上海城砖"的字样,立即引起各媒体、相关机构、上海市民的关注,据称,市民争相到工地上一睹上海城砖者"蜂拥而至",以致影响了工人们的工作。当人们冷静下来后,人们就希望知道:这些砖是否是上海城墙砖,这些砖又是何时被当作建筑材料造房子的,人们更想知道,为什么这些城砖会集中在今自忠路60弄的福源里的。于是,我被黄浦区文化局邀至现场,他们希望听取我的意见。

　　古代,城墙是一座城市的军事防御体,用现代的语言来讲就是"军事设施",十分坚固,所以,古人多以"铜城铁壁"、"固若金汤"之类的词形容和比喻坚不可摧的城墙,所以,城墙砖与通常的造房子用砖有较大的差别。首先,城墙砖比普通砖大,而且大得多,一些特大城市或军事重镇的城墙砖长边可达五十厘米以上,一块大的城墙砖之体积可以相当于今天十几块或更多的"九五砖";其次,城墙砖必须十分坚硬、坚如磐石,所以城墙砖的坯材除了选用优质的泥土外,还会在泥土中加入石灰、灰、砂等材料,沿海一带所谓的"灰"多指用牡蛎壳窑烧的建筑材料,其硬度相当于今日的300号水泥。筑城或修城是一个庞大的军事或市政建设工程,一次性需要的城砖量很大,几家,甚至十几家砖窑厂是难以胜任的,所以,一般就会委托许多家砖窑厂定烧,为了保证出厂的城砖符合质量要求,大多会要求各厂生产的城砖打上钤记,以便确认这批砖是哪一家砖窑厂生产的,所以,一些城砖的边缘往往会钤有生产日期,窑厂或窑主姓名,委托城市之类的字样,这次发现的城砖上就有"咸丰五年　上海城砖"是其一种。

古代城砖均为人工生产,先要用铁板或木板做成与城砖大小一致的木格,将和好的泥塞入木格后压紧、夯实,将成型的砖坯从格子中取出,风干后入窑中烧制,在格子内侧的边缘,部分刻有文字,当砖坯成型取出,这些文字就钤到砖坯上,所以,城砖上的文字大多在砖的边缘,更多在砖的最小一面的边缘上。

前面已经提到,明嘉靖中期沿海倭患严重,仅嘉靖三十二年(1553年)上半年上海数遭倭寇洗劫,由于上海县城没有城墙,上海损失惨重,于是上海人顾从礼奏请筑城,获准后于当年十月动工,年底筑成,一座周长九里的城墙仅花三个月就完工,速度之快,可想而知,同样,质量之差也显而易见。当时根本来不及定烧城砖,城墙是"版筑"的,就是先用木板构架出城墙的形状,然后就地取泥,将从地下挖出的泥土直接填入木构架中,经夯实就成了城墙,而邻近的泥土被挖出后就成了城濠,也即俗称的"护城河"。显然,上海最初的城墙只能是用泥土垒起来的"土城",不会是砖城。城墙是军事防御体,以坚不可摧、牢不可破为主,同样,城墙又是地方的标志性建筑物,还得讲究美观、实用,于是,在以后的一段时间里,上海又多次增建、重修城墙,使城墙既牢固又美丽。明朝著名书画家董其昌原籍上海,后居松江,生于明嘉靖三十四年(1555年),即上海筑城墙后之第三年,卒于明末崇祯十年(1637年),他逝世后之七年,明王朝就灭亡了。《同治上海县志》收有董其昌《吕侯续修城记》,云:

  城袤一千五百七十余丈,高视旧约十之二,广视旧约十之四,则扩而大之,皆吕力也。

我没查到董其昌的原文,但既被《同治上海县志》收入,那所撰之文应该就是《吕侯续修上海城记》,文中之"吕侯"应是吕浚(槐长),浙江平湖人,明万历四十四年至天启二年(1616—1622年)任上海知县,他在上海知县任期内主持、领导了上海城墙的修缮和扩建,使城墙的高度提高20%,厚度增加40%,即文中讲的"高视旧约十之二,广视旧约十之四"。由于文字太简,仍无法确定所增加的部分是否是在"土城"之外包了城墙砖,使上海城墙从"土城"变成了砖城。

到了清朝,修缮上海城墙的记录更明确了,《同治上海县志》中记:

国朝康熙十九年,风雨圮大南门城垣,知县史彩葺之。乾隆十八年,知县李希舜浚濠,环城可通舟楫。二十六年,雷雨圮大南门城堞二丈,无何,风坏西南隅城堞十余丈,三十二年,又圮城垣数十处,知县清泰葺之。道光元年,巡道龚丽正等倡劝重修,并于西门益箭台一所,即今"大境"。十九年(1839年),海疆不靖,劝捐重修……

《同治上海县志》中又说:

(咸丰三年)八月,闽广乱民据城叛,毁数十处。五年,城复。七月,巡道赵德辙等提善后捐,缮葺如旧。十年,粤寇逼境,巡道吴煦于城上箭台拨兵置炮,并于振武台北辟小北门(即后来的"新北门"),以便西兵出入。

文中的"闽广乱民"就是指上海小刀会义军。咸丰三年(1853年)春,太平军攻取南京,并改南京为"天京",建立太平天国王朝。上海以福建帮为主的小刀会和广东帮为主的三合会、天地会争取得到太平天国的认可,并策动上海起义,但并不被南京的太平天国认可。古代,从中央到地方政府,例于每年仲春和仲秋的第一个"丁"日祭祀孔夫子,称之"丁祭",尤以秋日的"丁祭"为隆重。咸丰三年八月初五(1853年9月7日)是"丁祭"日,上海知县袁祖德率领文武官员在文庙举行"丁祭",

上海小刀会在刘丽川、李咸池、陈阿林、潘启亮的率领下策动起义,活捉上海道吴健彰,而上海知县袁祖德闻讯后立即赶回县衙门,劝说起义军放下屠刀,立地成佛,当场被起义军捅死,成了一屈死鬼。

小刀会盘居上海县城一年多,1855年2月(咸丰四年末,五年初),清兵在英法军队的支持和帮助下向城里小刀会发起进攻,小刀会被镇压,当然,上海城墙,尤其是北城墙被严重损毁。上海沙船"郁森盛"号巨商郁松年(泰峰)在小刀会起义时,因哥哥郁彭年大殁,不忍弃兄而逃,被小刀会敲了竹杠,当小刀会被镇压后,他又被上海地方政府侮为"通罪",被迫交付二十万两银子,其中十万两充作军费,十万两用于上海城池善后款,也就是修缮城池,恢复正常的使用,《同治上海县志》中讲的"巡道赵德辙等提善后捐,缮葺如旧",这"善后捐"的大部分就是郁家被迫交付的银子,当然,今发现镌有"咸丰五年,上海城砖"的城砖,就是这一年修缮上海城墙使用的砖。

一般讲,城墙砖只是一种建筑材料,其历史、文化价值大于其他价值,城墙砖一旦离开了原来的环境,因难以或无法判断它就是某处城墙上使用的城墙砖,使其历史、文化的价值也模糊不清,其价值就是一块普通砖,而一些有铭文的城墙砖大多写明制造年份,使用地方,其价值就高多了。

在冷兵器时代,城墙是城市坚不可摧,牢不可破的军事防御体,而进入火兵器时代,火炮在攻坚战中发挥巨大的作用,强大的火炮仅几炮就可以轰倒城墙,所以,城墙已经失去军事防御的作用。近代以后,上海城外北郊出现了租界,租界的市政建设,经济发展很快,于是,租界成了上海的"新城",而城里反而是经济发展迟缓的"old city",一堵城墙阻碍了城里和城外的交通,反而影响老城厢经济进步和发展。从19世纪末20世纪初,上海就形成"拆城"和"保城"两派。《光绪上海县志·卷二·建置上·城池》收录光绪三十二年二月上海道袁树勋详陈两江总督、江苏巡抚关于拆除上海城墙文,原文很长,摘其要:

> 据上海绅士姚文枬等呈,称上海一隅,商务为各埠之冠,而租界日盛,南市日衰。推原其故,租界扼淞沪咽喉,地势宽而展布易,南市则外濒黄浦,内逼城垣,地窄人稠,行栈无从广设,城中空地尚多,而形势梗塞以致稍挟,资本之商,皆舍而弗顾。
>
> 上海为通商总汇,城厢、租界同在此二三十里之中,而租界则商务日盛,地段则日推日广,南市则以城垣阻隔,地窄人稠,无可展布。非唯有碍商务之进步,且益外人以轻视之心。

上海的"拆城"和"保城"两派势均力敌,互不让步,谁也说服不了谁,谁也不肯让步,于是,由上海城厢内外总工程局总董李平书从中调停,双方各退让一步,暂时不议拆城,但为改善城里城外交通,增开城门,于是在1909年上海增开了福佑门(新东门)、尚文门(小西门)、拱辰门(小

吴馨编辑《上海拆城案报告》

北门),同时又对宝带门(小东门)、朝阳门(小南门)和晏海门(老北门)加高至一丈五尺,加宽至一丈八尺。一场"拆城"与"保城"之争总算平息。不过,仅两三年后,上海光复、中华民国建立,"拆城"派占了绝对的上风,始终坚持拆城的李平书又上任上海民政总长,他振臂一呼——"今日不拆,更待何时",上海拆城筑路工程始于1912年1月,被推倒的城墙填入护城河,城墙与城濠筑成马路,于1914年全线完工,为庆祝中华民国的建立,南城墙改筑的马路命名为"中华路",北城墙改筑的马路命名为"民国路",由于当时的法租界与上海北城墙为界,所以北城墙改作的"民国路"的北面属于法租界,于是,"民国路"旧名又称"法华民国路",1949年后更名为"人民路"。

  城墙的大量城砖是可以利用的。当年姚文枬呈上海拆城文中就考虑到这一点,说:"填河应筑大阴沟,可将城砖代用,有余,更可修沿河坡岸。"城墙砖的规格比普通的民用砖大得多,用于建房并不适宜,而用于市政工程,那就很合适。所以,在拆城墙时,一些相对完整的城砖被拆下来后统一集中起来,以后又分别用于市政工程,2012年,上海小东门外的某工地开挖中,掘到了旧方浜的河道,掘出了不少很大的砖头,这些砖头就是旧城墙砖。今自忠路60弄福源里地块在清末是上海最大的慈善机构——同仁辅元堂的产业,约1914年后建为"福源里"住宅小区,而"福源"即取"辅元"之谐音,当初拆城时,大量拆下的城砖暂时堆放在这里,也许,这些城砖派不上用场,才被房地产商当作建筑材料,混合后用于建造福源里住宅,这应该就是这里保存大量上海城砖的原因。

上海县衙门在哪里

元至元二十九年,即公元 1292 年上海由原来的上海镇升格为上海县,上海建城已经七百余年,一个县必定有县衙门,那么,上海的县衙门设在哪里,是否有过搬迁,还留下什么遗迹,这是许多对上海历史感兴趣的人经常会问的问题。

元朝上海建县后,一直到明初的洪武年间才有了第一部《上海县志》,不过,这部《上海县志》可能未刊印就丢失了,后人只在其他的著录中见到一些片言只语,现存的上海第一部县志是明《弘治上海县志》,该《志》卷五"公署"中是这样讲的:

县署,元市舶司也。至正(应是"元"之误)二十九年闰六月,始立上海县,以旧榷场为之。至大德戊戌,适有并舶司归四明之命,遂移县署于司,今县是也。

这段文字比较简洁,当时人可能看得懂,今人理解会有困难。唐时措是元朝上海绅士,他不仅出资建立上海镇的"镇学",还直接参与上海县的筹建,还写了一篇上海《建县治记》,《弘治上海县志》抄录全文,文章太长,摘录部分如下:

> (元)至元壬辰春,圣天子以华亭地广,民众难理,命分高昌、长人、北亭、海隅、新江五乡,凡二十六保立县,上海因以名……初,主簿郁将仕首至,是年闰六月二十二日卜廨莅事,惟旧榷场听(厅)宇为镇守总管府、运粮千户所因之,居不安焉,且庭宇湫隘,藏楱无度,系囚无围。大德戊戌秋,方议迁,十月,适有并海舶归四明之命,官吏例革,衙宇空闲,是造物者以遗县而莫克专问之。……己亥四月,劐下,俾移置厅堂两庑,较旧衙门倍宽。

元至元二十九年(1292年)上海置县,知县尚未到任,先派了一位叫郁将仕的主簿到上海选署设立县衙门,当时上海镇找不到合适的建筑,倒是原上海镇靠近上海浦(河道已并入今黄浦江)的地方有一堆栈和市场——榷场,而且已经有镇守总管府和运粮千户所设在此地,可以被县衙门使用的地方很狭小,但也只能勉强住了进去。这个"榷场"的具体位置已经讲不清楚了,大概在今天的大东门外,靠近黄浦

《点石斋画报》绘"上海县衙门"

江的地方。宋朝，为了对近海航运的管理和贸易征税，在近海多地设立"市舶司"，今上海地区的市舶司最初设在青龙镇（今旧青浦），由于吴淞江淤塞，海船难以抵达青龙镇，大概在南宋末年的咸淳三年（1267年，上海镇也是与此相近的年代建立的，上海镇的建立与市舶司迁上海应有密切的关系）就把市舶司从青龙镇迁到上海，元政权十分重视与海外的往来，如《元史·食货二》中记，至元十四年（1277年）皇帝下诏："诸蕃国列居东南岛砦者，皆有慕义之心，可因蕃舶人宣布朕意，诚能来朝，朕将宠礼之。其往互市，皆从所欲。"但是，元朝时吴淞江淤塞严重，今黄浦江的下游河段还没形成，从外洋进入中国的商船均为深水船，难以经内河进入上海，而大多数蕃舶直接驶抵四明（即宁波），于是在大德戊戌（1298年）撤销上海市舶司，并入四明市舶司。上海市舶司撤销后，官吏被调任或裁减，衙门就空置了，于是上海县打报告，申请把市舶市衙门建筑改为上海县衙门，第二年，报告获批准，上海县衙门就迁到原上海市舶司衙门，《弘治上海县志》又讲：

明年，为海潮所坏，达鲁花赤雅合雅率僚佐新之。洪武二十五年，知县林廷瑾建鼓楼。二十九年，知县张守约建穿堂。正统四年，巡抚、侍郎周公忱巡历至县，颇陋其制，乃命知县张祯、丞蒋文凯修建仪门及穿堂、后堂，焕乎有可观者焉。后，鼓楼坏，成化间知县刘宇复改建之，整整翼翼，与邑称矣。

《弘治上海县志》中附有"上海县图"，传统的中国界画往往只是"示意图",但尚能看清明弘治年间上海县衙门的布局和形式。

清《同治上海县志·卷二·建置·衙署》在记上海县衙门时,前段基本抄《弘治上海县志》,接着说:

正德七年,知县黄希英新厅事:面厅为戒石亭,厅东为銮架、库厅,西为典史厅、架阁库,两庑为六房,仪门东为土地祠,西为狱舍。嘉靖元年,鼓楼毁,知县郑洛书即其地立弦歌坊。十六年,知县梅凌云重建鼓楼。十九年,知县张秉壶立牧爱坊在仪门内。三十二年,倭寇突至,厅宇悉烬。三十三年,知县刘克学重建:门、庑、堂、寝、库、狱及东西衙署。四十二年,知县黄文炜于仪门西置迎宾馆今废,重建土地祠。万历五年,同知郑重亨于大门内建东、西,南三坊。十年,知县邓炳开西偏马道,与东称。二十六年,知县许汝魁重立戒石亭,并立亲民坊。三十六年,知县李继周重建内衙厅事及丞、尉衙舍,改造狱舍。四十年,知县徐日久建可堂于中堂之右。四十六年,知县吕浚重修内外,改建大门,设左右榜廊,易民居余地,恢廊旧规,重建二坊,曰"洁爱"、"廉平"。国朝顺治十七年,知县涂赞各加修葺。康熙九年,知县朱光辉建堂于内衙之西,后知县任辰旦题曰"介和"。十二年,知县陈之佐建二亭,在东、西坊外,为民有事于县者憩息所今废。二十年,知县史彩改建内衙,额曰"问心堂"。雍正九年,知县张涛重修大堂。乾隆十三年,知县王侹筑月台,重建吏舍及皂役班房。五十二年,知县周云翮重修内外堂屋。嘉庆二年,知县汤焘于署之正西重建自新所。

49

四年,复增修衙署。十七年,知县王大同改葺大堂及勤补堂。道光十五年,知县黄冕就署东箭道建问耕亭。道光二十四年,西人入城,半遭毁坏,署知县蔡维新重修。咸丰三年八月,闽广会匪作乱,署知县袁祖德死亡,县署及僚佐署俱被毁。五年春,城复,署知县孙丰重建。六年,知县黄芳增修。

这段引文有点长,以流水账的方式记录了上海县衙门历年修建的情况,可以得出一个结论,那就是从元大德三年上海县衙门迁到原市舶司址后,将近六百年没有搬迁过。《光绪上海县续志》是续《同治上海县志》的,文说:

> 知县署,光绪三年,知县莫祥芝详准重建三堂及慕寮,增建监狱围墙……宣统二年七月,知县田宝荣就旧监狱地址改建改良监狱,计大小房屋一百十五间,糜银三万三千七百三十余两……

中国的知县是"父母官",其主要的职责,一是保证完成地方征税,二是维护地方治安,所以知县兼管地方的"公检法",县衙门内设有监狱,设"典狱"一名负责,到了清朝后期,上海已成为拥有百万人口的大城市,犯罪率不断上升,旧的监狱已是"人满为患",于是,县衙门的大部分面积被改建为"改良监狱",1911年11月上海"光复"后,革命军组建的沪军都督府仿西方资本主义法律制度成立司法署,下辖地方审判厅、监狱等,司法署和监狱就设在原县衙门和"改良监狱"内。免去繁琐的考证,今上海老城里的学院路旧名"署前街",就是以是上海司法署前的马路而得名,而在此之前,它又叫"县前街",则是以县衙门前马路而得名,今学县路的北面还有一条叫"县左街"的小路,其原名为"县后街",则是以在县衙门的后面而得名,这样就可以确定,上海的县衙门长期在今四牌楼路以西,学院路与县左街之间的位置。

上海县衙门被沪军都督府司法署占用后,必须另建县衙门,今天的蓬莱路本来

上海县衙门在审理案子

是一条叫作"半段泾"的小河,今蓬莱路与文庙路之间有一条叫"半泾园弄"的小路,即以半段泾的叉河而得名,据《同治上海县志》中讲,在半段泾的北岸有一"广安会馆",是广东旅沪同乡人团体,1853年小刀会起义时,广东三合会的成员就潜伏在广安会馆,等号令一下就出击进攻相邻的清军兵营,当小刀会被镇压后,广安会馆的产业即被充公,1906年后上海填半段泾筑路,以边上有蓬莱道院而取名蓬莱路,民国肇始,就在广安会馆旧址另建上海县衙门,约1915年迁入新址办公。

1927年成立上海特别市，原来上海县东部的面积大部分划入上海特别市，仅剩西部的农村属上海县，使上海县署不在上海县的土地上，于是，1933年又将上海县治迁北桥镇，蓬莱路的旧县治改为上海市警察局址，后改为上海市警察局蓬莱分局，解放后的相当长的一段时期里为上海市公安局南市区分局址，址为蓬莱路171号。今建筑保存完整，并已公布为上海市优秀历史建筑。

上海县的建置在民国后变化很大，县治也几经搬迁，1954年县治迁闵行、1960年划出闵行镇及吴泾地区置闵行区，次年，上海县治又迁莘庄镇。1981—1984年，又将上海县毗连上海市区的漕河泾、龙华、北新泾三镇及八乡的部分分别划入长宁、徐汇和闵行区，1992年，撤销上海县和闵行区，建立新的闵行区，上海县的建置从此结束。

上海的校场和旧校场年画

历史上,中国的不少县城建有"校场","校"有较量的意思,所以,所谓的校场就是演武场、比武场。《说岳全传》中有岳飞枪挑小梁王的故事,就是讲岳飞与小梁王在校场比武。校场也是地方驻军训练出操的地方,所以校场也被叫作"教场"。上海近海,也算得上是一个军事重镇,所以,历史上的上海也有过校场,今城隍庙地区还有一条叫"旧教场路"的小路,以前又称之"小校场"、"小教场街"等,应该讲,这条路与校场是有一定关系的。

《同治上海县志·卷十一·兵防》中说:

大演武场,旧在县西北积善寺,前明正德九年,知县黄希英辟。嘉靖四十二年,迁北门外。康熙五十九年,以南门外旧仓基重辟。今仍之,俗称教场。

早在明正德九年(1514年),上海知县黄希英就在县治的西北"积善寺"

附近辟建了一个校场。据记载,早在南宋初年,有一位叫李阡的上海人梦见有金人坐到了他的家门口,于是他就捐舍为寺,有了神奇的故事,也使积善寺的香火很旺,以后历年扩建,形成规模,一直到20世纪60年代还在,寺门开在积石街59号,这"积石"实际上就是"积善"的讹读和讹写。校场初建时上海还没有城墙,过了四十年,即明嘉靖三十二年(1553年)上海筑城墙,可能校场的部分土地被筑城征用,使校场的面积变得太小,于是在十年后,即嘉靖四十二年又将校场移到北门外重建,由于未见到详细的记录,谁也讲不清这个重建的校场的具体位置。浙江宁波位于四明山下,故宁波别称"四明"。清道光二十六年(1846年)上海《四明公所义冢碑》中讲:"四明襟山带海,地狭民稠,乡人耕读外,多出而营什一之利",宁波人多地少,很早开始,宁波就养成了到外地经商谋业的传统,而宁波与上海隔杭州湾相望,水上交通便捷,许多宁波人选择了上海。该《碑》中还讲,旅沪宁波人于清嘉庆二年(1797年)"买地北郊,广袤三十余亩为义冢",也许,这块地就是被废弃的校场的地,如果是的话,那么这个北门外的校场应该在今淮海东路人民路口一带。淮海东路旧名"宁波路",就是以四明公所在此而得名的。

不知什么原因,清康熙五十九年(1720年),又将北门外校场废弃,在"南门外旧仓基重辟"。历史上的上海有多处粮仓。《同治上海县志·卷二·建置·仓庾》中讲:"水次仓者,明宣德八年,巡抚侍郎周忱奏建。一曰西水次仓,在唐行镇,今隶青浦,一曰南水次仓,在县东南浦滨小南门外,以便军民兑运,嘉靖二十九年,知县喻显科将兑军减省赠米增造十二所,内有府、县公所各一所,土地祠一所。"江南是水乡、运输以水上船运为主，大型的仓库大多旁水而建，故称"水次仓"。明朝时上海曾有两座水次仓，一座在唐行镇，明万历元年（1573年），析上海和华亭县部分置青浦县，这个"唐行镇"就成了青浦县治，所以《上海县志》中讲："唐行镇，今隶青浦。"另一座在小南门外靠近黄浦江的地方，这里有两条黄浦的支流，一条是陆家浜（相当于今陆家浜路），另一条是薛家浜（相当于今薛家浜路），可以从黄浦直达南水次仓，如今这里尚有南仓街、外仓街、多稼路、府谷街，均为这个南水次仓留下的地名。《同治上海县志》接着说：

国朝顺治九年，海寇突至，知县阎绍庆与曹垂灿，请改建于小南门内，薛家浜之北，即今大仓也。设厫六：恭、宽、信、丰四厫在大南门内，敏、惠在浜南。

众所周知，清兵入关后，明朝的旧臣拥戴福王朱由崧在南海建立南明王朝，并不断从海上进攻清军，这些人在清朝的著录中被叫作"海寇"，而清朝初建，沿海的兵防能力不足，沿海经常遭"海寇"洗劫，顺治九年，是上海遭"海寇"洗劫特别严重的一年，而这个在小南门外的粮仓没有城墙的保卫，被抢特别严重，于是，知县阎绍庆与上海绅士曹垂灿协商，并向上级申请，把粮仓移建到小南门内，粮仓设在薛家浜（薛家浜是流入城内的河流，城里的那段相当于今黄家路）两岸，本书会有专文介绍，此略。

粮仓的土地是国有资产，非经特许是不能侵占和转移的，那个小

19世纪80年代《申江胜景图》绘"上海校场"

南门外的粮仓被废弃后长期空置,于是才有"康熙五十九年,以南门外旧仓基重建"教场的可能。近代著名画家吴友如的《申江胜景图》刊印于光绪十年(1884),绘有《上海教场》图,使我们还能大致知道这个教场的面貌,配画文说:

> 小南门外擂大鼓,海滨健儿猛如虎。左提戈,右横弩,两阵接,三军怒。演枪炮,杂风雨,堂上者谁,都戎参府,士卒辛苦,赏赐无数。鸣金卷甲,各率所部,唱歌还,春申浦。

今天南门外有一条叫"东江阴街"的小路,而它原来的路名就是"教场街",它与南仓街相接,这里就是进入教场的路。

今天,老城隍庙还有一条叫"旧校场路"的小路,以前又叫作"旧教场街"、"小校场街"等,它则是以上海最早的校场留下的地名。城隍庙往往是古镇古城的宗教、风俗活动中心,清代,旧校场街一带就成了上海的年画中心和集散地。

小校场石印年画

中国传统年画为木刻雕版印刷,上海旧校场年画则为石印年画,是中国年画中的奇葩。石印又称"石版印刷",是一种平版印刷,据称是出生在布拉格的音乐出版商逊纳菲尔德(Alois Senefeder, 1771—1834)发明的,利用"水乳相拒"的原理制作印版。选择一种天然多细孔的石材,磨平后为印版,用含脂的转写墨直接把要印刷的图案、文字画到印版上,经处理即成印版。印刷时,用水湿润印版,印版上已画图的部分的细孔已被油脂浸润,水就无法再进入细孔,而未被涂油脂的部分,立即被水浸润,再向印版上刷油墨,油墨会渗透到已涂油脂部分的细孔中,同时会被水浸润的部分拒之于外,此时将纸覆到印版上,用刷子刷平，图文就印到纸上，从而达到平版印刷的效果。石印技术由西方的传教士带进上海，早期多用于印刷宗教宣传品，上海《申报》馆创办的"点石斋石印书局"最早利用石印出版画刊、画集，光绪十年（1884年）出版吴友如《申江胜景图》；同年，创刊石印大型画报《点石斋画报》。早期的石印必须将所印的画面文字直接绘到印版上，随着照相技术的发展，又可以先将画面绘在纸上，再通过照相技术把画面转移到印版上，即所谓的"照相制版"，使印刷的画面更接近画面，清晰度更高，当然，印刷的速度更快、成本更低，19世纪末到20世纪初，石印成为上海最主要的印刷手段。

小校场石印画 　　　　　　　　小校场石印画

　　吴友如（？—1893年），江苏苏州人，原名嘉猷，字友如，以字行。光绪十年应《申报》之邀任《点石斋画报》主要画师，十六年，在上海旧校场自创"飞影阁"，出版《飞影阁画册》兼创作和印刷石印年画，继其之后，有许多年画作坊云集于旧校场，见于著录者就有吴文艺、孙文雅、筠香阁、赵一大、源兴、韩菁画斋、彩云阁、吴锦增、新记、泰兴等十

余家。中国的传统木刻雕版年画的题材，大多为传统的吉祥图案画，又往往仿旧画重新雕版。而当时上海的画师在技法上、思想上已深受洋场风气的影响，大多选上海洋场故事为题，直接创作，今存的旧校场年画如《上海新造铁路火轮车开往吴淞》、《湖丝阿姐放工》、《上海第一名园》、《上洋四马路胜景图》、《新出夷场十景》等，生动有趣地反映这一时期"十里洋场"的社会风气，深受百姓喜爱。进入20世纪后，石印又被更先进的印刷技术替代，旧校场年画的存在时期不长，存世的作品更少，为收藏之珍品，一帧保存较好的上海旧校场石印年画的价格不菲。

设在上海的分巡苏松太兵备道

在读有关上海历史的著述中,经常会遇上"上海道"、"海关道"、"苏松太道"之类的职官名称,实际上这些均是同一种职官的名称。它的全名为"分巡苏(州)松(江)太(仓)兵备道。"

汉字有一特点,就是每一个字有独特的、本来的意义,即所谓的"本义"。汉朝许慎的《说文解字》就是中国第一部根据汉字的结构分析汉字本义的巨著,对后世有极大的影响,该书说:"道,所行道也。从辵,从首。一达谓之道。"意思说:道是用于通行的道路,字由辵和首组成的会意字,从一处直通另一处的道路才称之"道"。这个"一"可以理解为京畿、首都,当然,"道"就是首都直通某一大城市的道路,也就是主路、干道,犹如后人讲的"国道"。唐朝,把全国划分为十个道,后又分为十五个道,于是"道"就作为中央政府下辖的大的行政区名,它相当于宋朝的"路",元朝的"行省",明清及以后的"省"。

《说文解字》:"路,道也。从足,从各。"路字由"足"和"各"组成的会意字。"各"字在甲骨文和金文中的字形相似,写作 ,上面是脚指向下的"趾",下面是"口","正"在甲骨文和金文中写作🯄、🯄,字形相似,只是上下互换,所以"各"与"正"为反义词,"正"是人们从各地向同一个方向走,而"各"则是从一个地方出发向不同方向走,所以,"路"多用于表示"道"的次一级道路,也就是"道"的分支、支路、叉路,以前,中国把由国家、中央政府修建的道路称之"国道",而省一级修建的埠际大路称之"公路",这与古汉语用词习惯是有密切关联的。

元朝,中央政府的最高行政机构称"中书省",中央政府下属的大行政区设"中书行省",到了明清,"中书行省"改称"省",即英文的province,"省"下设府州(相当于今日的"地区"),府下设县,形成三级行政制。明朝,省的最高行政长官称布政使,清朝改称巡抚,总揽一省的军事、吏治、刑狱、财政。省的区域面积很大,事务十分繁忙,于是,巡抚衙门另设一种介于省与府州之间的职官,称之"道",也取直属省巡抚衙门之义,"道"约分两种,一种是主管某项专职的道,如粮道、海关道、劝业道之类,因须到辖地巡视而称之"巡道",另一种主管府州,称之"守道"。清《同治上海县志·卷二·建置·衙署》中记:"分巡苏松太兵备道署,在大东门内。雍正九年,巡道王澄慧建。咸丰三年,寇毁。五年,巡道赵德辙重修。"该《志》还收录王澄慧撰《新建苏松太兵备道公廨碑》,碑文略长,摘录部分如下:

国初,官制概仍明旧。苏、松二府向有兵巡道,驻太仓州,巡行入郡,则明泽桥东有驻节之所焉。康熙二年(1663年),改兵巡

61

为分守,苏州遂为治署。二十二年(1683年),以督粮道兼领之,分守道复奉裁。今上(指雍正皇帝)即位之二年,百废俱修,庶司整饬,以抚臣何公之请,复分巡苏松道如旧制。八年(1730年)六月,中丞尹公上言,分巡道有巡缉之责,兵民皆得治之,请加"兵备"衔,移驻上海,弹压通商口岸为便。制曰:"可"。

碑文言简意赅,清朝初建,沿习明制,在苏州、松江二府派有驻军,驻太仓,在苏州和松江府城也设有机构和驻军,到了康熙二十二年,由于清军收复台湾,标志沿海的反清武装被肃清,海禁解除,就以原来的粮道兼管,其军事上的职权实际被褫夺。在康熙收复台湾后的两年后,康熙皇帝就颁布"弛海禁",结束了中国长达三百年的近海禁运政策,并分别在广州、福州、宁波、上海建立粤、闽、浙、江(苏)海关,近海航运得以恢复,贸易与日俱增,包括上海在内的近海港口城市在短时期内中兴,随之而来的仍然是近海的安全,于是到雍正二年(1724年)又恢复了巡道的军事职能,到雍正八年(1730年)又加上了"兵备"的头衔,全称"分巡苏松太兵备道"。翌年,其衙门从苏州迁到上海,于是又称"上海道",它又兼管设在上海的"江(苏)海关",故又称"海关道"。其相当于江苏巡抚衙门下设分管苏州、松江、太仓三府(州)的军事、民政机构,地位比松江知府高多了,一般为"正三品"或"从三品",清代的上海道离任后,大多升徙省的按察使。

进入近代后,上海成为中国最重要的对外开放城市,外贸和外事任务十分繁忙,于是,上海道又相当于两江总督或南洋通商大臣在上海直接处理外交事务的职官,其职权更大,地位更高,当然,其对上海城市的建设和发展的影响力也更大。

《新建分巡苏松太兵备道公廨碑》中说:

> 按,上海自明嘉靖甲寅(1554年)设海防道,以佥事董邦政领其职,募兵三千以备倭。旋以海上无警,罢之。今余适承,乏是官问,其旧署不可识矣。乃于城之东南隅,相度没官廛舍,兼买民地一十四亩有奇,改建公廨一百五十楹。定规模,采木石,考核其工作,既廪,经营区处,费公帑四千缗,更为补其不足。阅八月告成。周垣重门,上堂旁宇,后寝下舍,约略具备。邑吏士庶,聚而观之,由外以窥其中,穆然以肃⋯⋯

明朝嘉靖年间(1522—1566年),为了防御和打击倭寇,在上海设海防道署,当倭患平息后,这个海防道署也撤销了,首任上海道的王澄慧原想利用明海防道署基地建苏松太兵备道署的,但这个海防道署旧址已找不到了,于是只得重新觅大东门内的十四亩余土地兴建,工程用时八个月,花了四千贯铜钱。这个巡道衙门在上海城里占地约一公顷,占地面积是相当大的。

1853年9月,上海爆发小刀会起义,巡道衙门被毁,当时的上海道吴健彰也被起义军活捉,不过,他不久就被美国传教士买通小刀会义军救了出来,当小刀会被镇压后又重修,以后还有所扩建。《光绪上海县续志·卷二·建置·衙署》中说:"分巡苏松太兵备道署,同治三年、光绪十三年(1864年、1887年)，先后购署西民地，扩充关科房。巡道龚照瑗题'冰镜同清'额。光绪二十年(1894年)，巡道黄祖络复购西首民舍，直达道前街。添建办公室及上房，并修葺絜园。"三次扩建，使分巡苏松太兵备道衙门的面积为"一十五亩六分九厘二毫"。最后一次的扩建，使上海道署的西首"直达道前街"。在一张光绪戊戌年(1898年)《新绘上海城厢租界全图》中"苏松太道署"，在大东门内，南面和西面均沿"道前街"，在民国初的上海地图中，西侧的"道前街"已改称"巡道街"，也即今天的巡道街，而南侧的"道前街"，改成"警察厅路"或"警厅路"，即今天的金坛路。这又是怎么一回事呢？1911年上海"光复"运动中，上海末任道台刘燕翼闻讯后就逃到租界里去了，余下的官吏即不战而降，道署被革命军占领，新建立的"沪军都督府"对旧王朝的官制作了调整，立即组建"淞沪警察厅"，就以原上海道署为厅署，于是大门前的原"道前街"就改称"警察厅路"，省称"警厅路"，约1925年，这里的部分留作警用，大部分建为"集贤里"里弄住宅，而如今，这里全部被建为"中恒公寓"，成为上海中高档住宅区，只有那条"巡道街"依然向人们诉说，这里

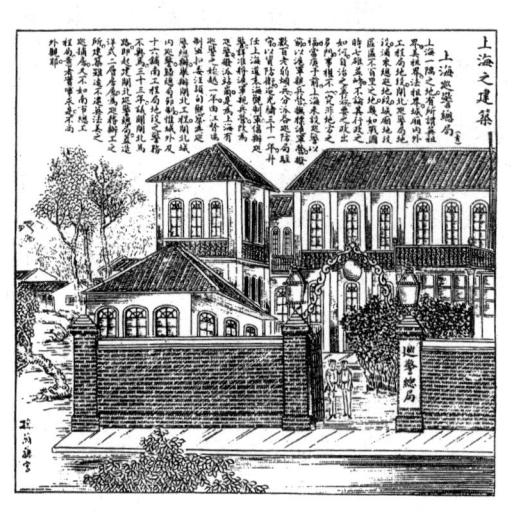

清末《图画日报》参照照片画的上海巡警总局

曾是上海最高的军事、外交、行政的机构——分巡苏松太兵备道署。

近代以后，上海道代表两江总督或南洋通商大臣处理外交事务，如1845年，上海道宫慕久与英国驻上海领事巴富尔（George Balfour）签订《上海租地章程》，宣布英租界建立，以及租界的四至，权利和必须遵守的制度，1849年，上海道麟桂与法国领事商议法界界址，并公布"本道台会同法国领事敏体尼勘定上海北门外一处地：南至城河，北至洋泾浜，西至关帝庙诸家桥，东至广东潮州会馆沿河至洋泾浜东角，注明界址。"后来，上海道署下还设专门处理涉外事务的"洋务局"，处理租界及华界土地的"上海会丈局"。当辛亥革命后上海道署遣散了，上海的涉外事务立即陷入瘫痪，处于失控的状态。而租界当局则趁机提出，租界的许多事务是与上海道署签订而建立的，现在上海道署既已遣散，那些机构及涉及的权利就应该归租界接管。当时丧失的权力机构有涉及租界司法的"会审公堂"，涉及土地的"上海会丈局"，中华民国政府与租界交涉无果，于是只得采用变通的办法，于1914年2月在上海设"沪海道"，其职权和职能相当于清代的分巡苏松太兵备道，其最高长官称"沪海道道尹"，由"特派江苏交涉员"兼任。

古代中国无所谓市政，即没有专门的城市建设、管理机构，当然，中国的城市几乎没有用于夜间照明的路灯。但是，一些较大的城市会在一些重要的警务机构处设置用于标识的灯，犹如后来的派出所门口会设"警灯"一样，这种悬挂在空中的灯就叫作"天灯"。今天，大东门内有一条与巡道街"丁"字相交的小路——"天灯弄"，它就是以原苏松太兵备道衙门前悬挂的"天灯"而得名的。

约约乎　皮老虎　小东门　十六铺

1935年出版汪仲贤著《上海俗语图说·老虎党》收录了当时上海流传的童谣——"约约乎，皮老虎，小东门，十六铺"，我童年时也哼过

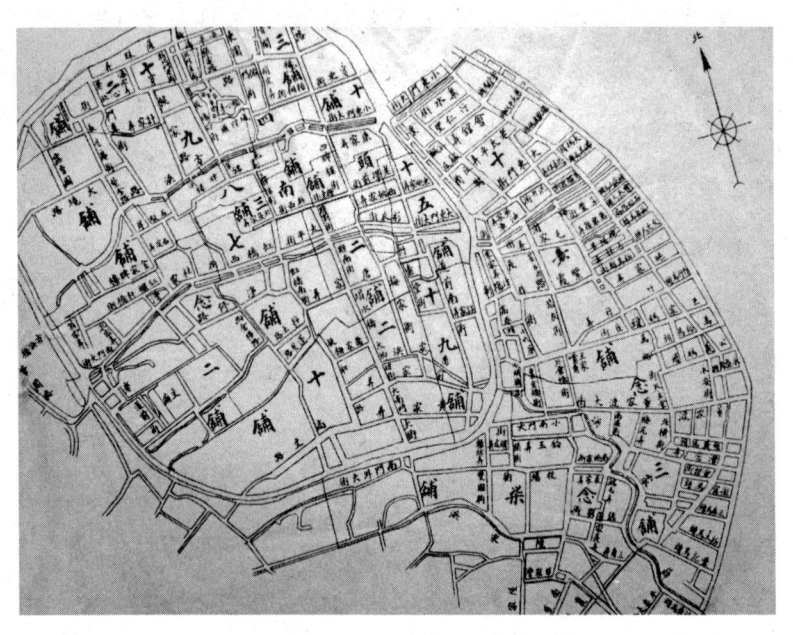

《光绪上海县志》中的上海各铺分布地图

这首童谣。童言无忌，童谣不必非得有什么内容和意义，我当时也不知该童谣在讲什么，只是好玩而已。后来才知道，"约约乎"可以写作"野野乎"、"野野胡"等，义同"野胡"。记录南宋杭州风俗的《梦粱录》中记："腊日，街市即有丐者三五人为一队，装神鬼、判官、钟馗、小妹等形，敲锣击鼓，沿门乞钱，呼为'打野胡'。"这是古代的傩戏，是腊月进行的驱逐妖魔的社会活动，只是当城市经济发展到一定水平后，原来民间的节日风俗活动被流丐利用而成了一种乞讨的手段和方式而已，清代至民国，"打野胡"之风依然风行，只是各地的叫法不一样而已，有的地方称之"跳灶王"，有的地方称之"跳钟馗"，有的地方称之"跳无常"，如清人《清嘉录》中讲："（腊）月朔，乞儿三五人为一队，扮灶公、灶婆，各执竹枝噪于门庭以乞钱，至二十四日止，谓之跳灶王。"乞丐要装扮成神鬼，不会去买专门用于化妆的油彩，大多使用锅灰，往脸上乱抹，江南方言把戏剧大花脸叫作"野胡脸"，常人很脏的脸也叫"野胡脸"，如母亲训斥调皮小孩："侬死到啥地方去白相了，弄得来像只野胡脸，快点弄点水，汰汰清爽"，"野胡脸"是脏脸，于是方言又把不入流的人或事讲作"野胡"，在吴方言中，"野胡"就是差劲、蹩脚之义，蹩脚货就是"野胡货"，就是"约约乎"。皮老虎是一种儿童玩具，一头是一只泥捏或石膏塑的老虎，另一头则是用牛皮纸叠的与老虎相粘的风箱，与手风琴的风箱相似，在老虎嘴里暗藏着一只竹制的簧，展开，再压缩风箱，风箱中的空气受压后从竹簧中挤出，吹动簧皮，发出"吱咕吱咕"的响声，挺好玩的。以前，人们把一种可折叠，展开的照相机上的用皮革制作形似风箱的东西叫做"皮老虎"，一定与玩具皮老虎有关。不过,皮老虎的质量很差,风箱与老虎之间粘得不牢,经不起小孩几次折腾,风箱就与老虎脱节了,就无法让皮老虎发出"吱咕吱咕"的响声,小孩就会哭闹,要父母再去买一个。十六铺是码头,是人来客往最集中的地区,是小摊小贩的福地,当然也是社会秩序比较混乱、环境嘈杂的地方,以前,这里一定有许多卖皮老虎的小摊贩,于是才会有"约约乎,皮老虎,小东门,十六铺"之谚。

明信片中的十六铺

"十六铺"是一个地名,但是,很少有人会去追究这"十六铺"是什么意思,地名从哪来的,又具体指哪片区域。还是从头说起吧。

犹如今日中国农村使用的通讯地址那样,一般以逐级缩小区域的方式编排,我老家在福建,使用的通讯地址是:福建省、福清县(今已为"市")、高山镇、薛港乡、坑北村。人民公社时期就改为:福建省、福清县、高山人民公社、薛港大队、坑北生产队。以前,江南地区的地名系统大多是,县下为乡,乡下为保,保下为图,图下为圩,圩下为号,如清道光十六年(1836年)《上海县为徽宁思恭堂冢地立案告示牌》中说,当年旅沪的安徽徽宁会馆同仁"捐置二十五保十三图靡字圩各号田二十九亩八分二厘四毫,作为义冢。"又如同治七年(1868年)《上海县为水木业重整旧规各匠按工抽厘谕示碑》中讲:"窃身等系水土、雕锯、石匠,前于道光二十三年,在治城内二十五保五图得字圩三十二号,捐资地九分四厘五毫,请示起建鲁国先师新殿,俾同业敬神集办公事。"这位"鲁国先师"就是中国水木业的祖师爷、行业神鲁班,新建的大殿就是"鲁班殿",一直到20世纪五六十年代还在,这个"城内二十五保五图得字圩三十二号"相当于今日的"上海城里硝皮弄95号",或"上海市黄浦区硝皮弄95号"。

中国古代无所谓"邮政",但中央政府为保持中央与地方政府以及地方政府之间的联系,传达公文信函、调令密报、提交贡品等必须建立传递的机构或邮路,旧时称之"邮驿"、"铺递"等名,如安徽黄山著名旅游景点"西递"就是以"铺递"得名的。宋周密《齐东野语·卷六·祥瑞》中有这样一段话:

至如政和(1111—1118年)隆盛之际,地不爱宝,所在奏贡芝草者,动二三万本。蕲、黄间,至有一铺二十五里之间,遍野而出。

古代的邮驿靠马匹、脚力、船只传递,如骑马的话,马的奔跑速度和距离是有限的,中途必须换马后才能继续赶路,于是有"一铺二十五里"之约定,即间隔25里设一个铺递。清顾炎武《日知录·驿传》:"今时十里一铺。"今上海城隍庙相近有一条叫"官驿弄"的小路,它就是以驿站而得名的,官驿是县的总站,下设许多个"铺",用现在的话来讲大概是"邮政区","铺"一般以序号编码,偶尔也当作地名。如清嘉庆十二年(1807年)《上海县为浙绍各店公捐中秋会告示碑》中有这样一段记录:

69

是以浙绍各店,捐出本资足钱五百六十千文,绝买小东门外二十五保七图十铺、海关南首郑姓市房一所,随屋基地,东至大街,西至顾屋,南至汪屋,北至顾屋。

这里的"铺"已是地名的通名,是比"图"小一级的区域,区域范围大致等同于"圩",我读过的历史文献中,道光以前的"铺"还不少,有时又与"圩"混用。

根据中英《南京条约》的规定,上海、宁波、福州、厦门、广州五座沿海城市对外开放,1843年11月17日上海开埠,1853年3月,太平军攻占南京,建立"太平天国"王朝。9月,上海爆发小刀会起义。1855年,在清军和租界当局的联合镇压下,上海的小刀会被镇压了。仅几年后,南京的太平天国为了减轻和摆脱清兵对南京围困的压力,派忠王李秀成率军突围东进,1860年,骁勇善战的李秀成突围成功,一路凯歌东进,连克镇江、常州、无锡、苏州、昆山、杭州、宁波等城邑,大致控制了苏南浙北地区,使江南局势发生明显变化。为了应对不利于清廷的局势,清廷动员江南各地举办团练,就是由地方政府或乡绅招募百姓组建民兵,另一方面将分散的乡团和私人武装重新整编,地方建立"保甲局",统一指挥、调度。1860年,上海已开埠近二十年,城市经济和人口增长极快,上海城厢地区商业集中,人口密度高,原来的行政编制不能适应战时的需要,就改原来的行政体制为适应战时需要的半军事化体制,《光绪上海县志·卷二·各局》中讲:"巡防保甲局,同治初年起,巡道委员办理。"保甲局在城厢设"城厢局",把城里划分为东、南、西、北、中五个区，以中区为总局；把城外划分为城东、城南、城西、城北四个区；又把郊区划分为二十二个分局，形成格子化的军事网络。城厢局下设城内五区和城外四区，这里商铺集中、经济发达，人口密度高，于是又参照旧时的"铺"的形式，又把城下各区划分成二十一个"铺"，《光绪上海县志》中有明确的记录：

> 中城区辖头铺、二铺、七铺、十五铺；南城区辖十九铺、二十铺；西城区辖南三铺、八铺、二十二铺；北城区辖九铺、十二铺；东城区辖北三铺、四铺十铺；城东区辖十六铺；城南区辖二十三铺、二十七铺、十二铺；城西区辖城外二十二铺、九图；城北区辖法租界。

《光绪上海县志》附有测绘的上海城厢各铺的位置、分布图，"十六铺"属城东区，城东区也只有一个十六铺，它的区域相当于今中华路、人民路以东，东至黄浦江，南面到王家码头，北面到方浜，与城北区下辖的法租界交界。

十六铺码头帆樯如林

巡防保甲局是战争时期临时建立的半军事化机构，当战争平息后，它的作用不大，《光绪上海县续志》在"巡防保甲局"条中讲：

> 光绪三十年十二月，改城内各局为警察局。三十一年十月，

总工程局成立，裁十六铺三局。三十二年五月，总工程局南区、西区分办处成立，裁二十三、七铺局，及西门外局。是年，于浦东烂泥渡另设总巡局。宣统三年九月改革时，各乡局均废。

到清朝末年，巡防保甲局先后被裁，1911年11月上海光复时，巡防保甲局及其下设各局全部被裁，当然，原来的"铺"也全部取消了。

"铺"的建置被撤销后，"铺"也不再作为地名使用，各铺的名称相继湮没，唯有"十六铺"被保留下来，并成为使用率、知名度极高的地名，这当然与这里的特殊地理，商业环境有密切关系。

小东门外

大达码头

"十六铺"在上海城小东门、大东门外至黄浦江边的区域，上海是港口城市，这里就是上海最繁忙的港口、码头，早期进出上海，大多在这里上船下船，旧时上海话以"乘柴爿船从十六铺上来的"，"柴爿船"指木筏，也指民间的蹩脚船，此语喻初来上海的外乡人。1905年，张謇创办大达轮埠公司，租用了从小东门向南约四百米黄浦江岸线，投资建设大达码头，开通上海到南通、海门等地航线和定期航班,不久,虞洽卿等创办的宁绍轮埠公司、三北轮埠公司也租用十六铺码头,开通上海至宁波、温州、广州等近海航线、航班,以后,多家航运公司又开通上海至南京、武汉等地的长江航线。可以讲,中国的航运公司大多将上海的客运码头设在十六铺,十六铺也是上海客运码头的代称,使十六铺地名被保存并沿用至今。

一城烟火半东南——城外的商业街

　　中国历史上以长江口为界，以北的海域称"北洋"，以南的海域称"南洋"，清代的北洋水师和南洋水师就是以此划定和得名的。北洋依托的陆地是一马平川，千万年来，黄河夹带着大量泥沙泻入大海，使北洋近陆地处形成宽达数十公里的滩地，只有被称为沙船、卫船的平底浅船才适宜在这里航行；而南洋依托的陆地是山地或丘陵，沿岸多礁石，海域水深浪急，只有闽浙的深水船才能乘风破浪。上海位于长江最下游之南岸，是北洋与南洋的交汇点，于是，从北方南运的货物，必须先用沙船运输，进上海港改装南方的深水船才能南下，而南方北运的货物，必须先用深水船北运，进上海港改装沙船后才能继续北上。优越的地理位置决定了上海的命运，它既是南北海运的枢纽，也是水上贸易的集散地。上海县城（相当于今中华路和人民路的环路内）东门和小南门外临黄浦江，随着上海港的中兴，东门外至黄浦江边形成了上海诸多集贸市场及与商业配套的服务业。清乾嘉时人施润诗曰：

一城烟火半东南，

粉壁红楼树色参。

美酒羹肴常夜五，

华灯歌舞最春三。

上海的繁华集中在东门和小南门外，到处莺歌燕舞，灯红酒绿。

现在，此地一带还保存不少昔日的路名，透过那些路名就能了解上海港的一段历史，知道许多有趣的故事。且听我慢慢叙来。

豆市街和油车码头街

豆市街北起白渡路，南至紫霞路，长仅二百三十五米，在上海实在是一条不起眼的小马路，而历史上，这里曾是上海乃至全国最大的豆类及豆制品的交易市场。古代没有公路，长途运输以水运为主。东北是大豆的主产地，而大豆又是豆制品、豆油的主要原料，消耗量很大；东北与关内没有通航的河道，于是东北大豆输出的主要途径就是将货物集中到靠近辽东湾的牛庄，装沙船南运到上海，再从上海沿东海运往浙江、福建、广东，沿长江运往沿江港口，以及通过江南水网分别运到苏南浙北。山海关以东的东北三省旧时称为"关外"或"关东"。清代，关东是山东移民最多的地区，山东人移民关东称为"闯关东"，山东的卫船（卫是山东古代别称）也是平底浅船，从清初就有关外的山东人和关内的山东人将东北的大豆、豆油、豆饼等运入上海，并在上海建立"关山东公所"，是上海出现最早的同行同业团体。不久，就在东门外形成了一个豆类及豆制品的集贸市场——豆市街。

清制,一斛为五斗,三斛为一石,一斛约等于今六十斤粮食。由于当时各地、各行斛的大小不统一,为确保贸易公平,必须统一斛的大小,于是上海的饼豆业于嘉庆十八年(1813年)建立了"饼豆业公所采菽堂"。"菽"乃是豆类统称,"采菽"则出自《诗经·小雅·采菽》:"采菽采菽,筐之筥之。"在采菽堂陈放有经上海县政府批准的标准大小的斛,叫作"公斛"和"庙斛",相当于现在的"公秤"或者"公平秤",规定市场上使用的斛一律以公斛为标准,并规定只有饼豆业公所监制的斛才能进入市场使用。一直到清同治时(1862—1874年),饼豆业公所迁到豫园萃秀堂,公斛也移到了豫园内。

豆的种类、品种很多,有大豆、赤豆、绿豆、豌豆、芸豆等,以华北的种植量最大,于是,华北的豆类经运河到镇江,再沿长江进入上海,大豆是制作豆腐、豆芽等豆制品,生产酱、酱油以及豆油的主要原材料,消耗量很大,东北大豆的颗粒大,适宜用来发豆芽,而华北的黄豆颗粒小,做豆制品或酱、酱油来得合算些,于是,镇江商人把华北的豆类运到上海豆市街,再把东北的大豆运往各地,大概到1880年以后,豆市街的从业者又以镇江籍人为主。清人《沪江商业市景词·豆麦行》说:

纷纷豆麦巨行开,
或备沙船递往来。
市大货多装运广,
几家首创已多财。

豆市附近集中了许多生产大酱、酱油的作坊,这里也成了大酱、酱油的批发市场。

江南的大豆、花生一类可榨油的作物种植量不多,民间一般种植油菜,用油菜籽榨取菜油。于是,东北的豆油就成了食油的主要来源。传统的榨油方法须先将大豆碾碎后再放入榨油箱中压榨出油。碾大豆用一种巨大的碾子:将一方直径约一米五的饼状花岗石沿边缘凿一圈槽,再用两块直径约一米五的轮状巨石架在槽上,转动轮状巨石将大豆碾碎。这碾子,上海人称为"油车",于是榨油房也随之被称作"油车"。如沪剧《卖妹成亲》中说:"爷娘手里是赅家当格,典当、木行、油车也开十八爿啦。""赅"在沪语中读如 gai,义为拥有,"赅家当"即很有钱之意。今南浦大桥北侧近江还有一条"油车码头街",这里是东北豆油进入上海的码头,当然,也有不少油车房。于是,清人《沪江商业市景词·油市》曰:

豆油市大广消场,

屯塌人多进出忙。

几日牛庄船不到,

栈房货少价轩昂。

据《上海豆业公所萃秀堂纪略》,在清道光(1821—1850 年)咸丰(1851—1861 年)年间,估计有两千多艘沙船和卫船专门承运进口上海的大豆、豆油等,当轮船招商局成立后,大轮船抢夺了沙船航运。而进入20世纪后,"自沪宁、津浦各路接轨交通以来,吾业各货之向恃海运者,易为陆运矣",于是,豆市街的豆市走向衰落。大概到1930年后,豆市街和油车码头街的豆市、油市基本结束。

咸瓜街和洋行街

在东门与黄浦江之间有一条"外咸瓜街",从前还有一条与之平行的"里咸瓜街",上海地名用语习惯,靠近城的一边称"里",离城远的一边称"外",当然,"里咸瓜街"在"外咸瓜街"的里侧,亦即西侧。连上海人也不知这咸瓜街是怎么来的,于是又常被望文生义误解为,这里是因咸酱瓜市场而得名。

福建的泉州、漳州近海,海上航运和贸易是他们的传统,福建人也是最早从海上进入上海的移民群。以前,北面与外咸瓜街相接的路叫"洋行街"(后改名为阳朔路,今已消失),这"洋行"并不是外国人开的corporation,而是因主营南洋航运和贸易的福建、广东商人开设的南洋货品商铺而得名。清乾嘉时的《上洋竹枝词》("上洋"是上海的别名)中说:

  雉堞参差歇浦边,
  万家烟火日喧阗。
  东门一带烟波阔,
  无数樯桅闽广船。

阛阓居奇百货盛，

遐方商旅满江城。

洋行街上持筹者，

多学泉漳鴃舌声。

闽商粤贾税门关，

海物盈盈积似山。

上得糖霜评价买，

邑人也学鸟绵蛮。

　　清乾隆十九年(1754年)旅沪的泉州、漳州商人就集资购进上海"大东门外二十五保七图滨浦房屋基地，建造泉漳会馆一所，供奉天上圣母(即中国航海保佑女神——天后)神位"。泉漳会馆的旧址就在外咸瓜街九十四弄内。

泉漳会馆天后宫内供的天上圣母

　　黄鱼曾是中国四大海产之一，盛产于东海海域，黄鱼的汛期在农历四月，清代学者梁章钜(1775—1849年)是福建人，他在《浪迹三谈》中说："此鱼以四月王(黄)瓜生时出，吾乡因呼为'王瓜'，亦称'瓜鱼'。"我祖籍福建福清，家乡方言把黄鱼叫作和写作"黄瓜"或"瓜鱼"。一到汛期，大量的"黄瓜"上市，根本卖不掉，吃不完，于是大量"黄瓜"

被风干、腌制为黄鱼鲞和"咸瓜",可以常年上市供应,而"咸瓜街"就是上海最主要的水产品集贸市场,以这里常年供应"咸瓜"而得名。这里的海产品集贸市场一直维持到20世纪90年代。

花衣街与原棉市场

花衣街南起王家码头路,北迄新码头街,全长仅两百三十米,这里曾是上海乃至中国最主要的原棉交易市场。

棉花是热带、亚热带作物,古代,长江流域以北几乎没有棉花种植,中原人制衣用的布主要是丝麻织品。陶宗仪是元末明初人,祖籍浙江黄岩,世居松江泗泾。其《南村辍耕录·黄道婆》中记:"闽广多种木棉(按:木棉即棉花),纺织为布,名曰吉贝。松江府东去五十里许曰乌泥泾,其地土田硗瘠,民贫不给,因谋树艺,以资生业,遂觅种于彼……国初时,有一妪名黄道婆者,自崖州来。乃教以做捍、弹、纺、织之具,至于错纱、配色、综线、挈花,各有其法……"大概在南宋末年,福建广东的商人将棉花传入上海并推广种植,但棉花的后期整理、纺织工具和技术很复杂,上海棉花种植推广很艰难,元朝初年,因为黄道婆自海南岛到上海教人纺织的缘故,棉花成了上海最主要的经济作物,明朝上海是江南主要的棉花种植区,有"上海之布,衣被天下"之说,即上海地区生产的棉布可供全国使用。话虽夸张,但足以说明上海棉花种植和手工棉纺业在全国的地位。

清人王韬在《瀛壖杂志》中说:"沪人生机在木棉,贩输运及数省,今则且至泰西各码头。在沪业农者,罕见种稻……乡人称木棉谓之

‘花'。"一直到20世纪六七十年代,上海郊区仍以种棉花为主,于是,上海方言中,"花"特指棉花,如种棉花说"种花",棉铃说"花铃",棉花秆说"花箕",采摘棉花说"捉花";刚采摘的棉花中有籽,叫作"籽棉",上市的棉花须先脱籽,说"轧花",而去籽的原棉就是——"花衣"。"花衣街",就是以这里最大的花衣市场得名的。

上海产的棉花除部分自用外,更多的被花商沿长江贩运到江苏、安徽、湖北,沿近海贩运到北方。到了近代,上海的花衣也销往英国、日本等国,于是,在小南门外形成了一个花衣市场,大概在道光二年(1822年),上海的棉花商贩在小南门外"圣贤桥东梅家弄小武当余地"建立了"花衣公所"。

1895年中日签订的《马关条约》准许外国在中国的通商口岸投资建厂,19世纪末起,外资和中国民族资本的纺织厂在上海大量出现,棉花的需求量大幅上升,中国许多地方开始推广种植棉花,花衣街的花衣市场便显得无足轻重而衰落了。大概在民国初年,花衣公所及附近的堆栈、仓库等转建为民宅。花衣公所的位置,在今董家渡路梅家弄转角处。

杀猪弄与猪作弄

《光绪上海县续志·卷二·街巷》中记:"萨珠弄,老北门内。原名杀猪弄,宰主徙出更今名。"上海县城是一个拥有常住人口数十万的城市,每天有数百头猪在这里宰杀后进市场销售,早在乾隆三十六年(1771年)上海的猪作业就成立了上海沪帮鲜肉业公所,为方便管理,

《图画日报》绘"贪强买得猪肉婆"

上海县政府划出一块位于北门内的地方,将大多杀猪作集中开设在那里,杀猪后产生的脏水通过护城河排入黄浦江,于是这里的一条小路被称作"杀猪弄"。1853年太平军顺长江而下攻占南京,改南京为"天京",建立太平天国。在南京及相近的地方居住的数万名回族群众进入上海避难,今南门外有一条"南京街",就是以南京回族群众集中居住而得名的。同治八年(1869年),旅沪的南京回族群众购进北门内的一块土地(今福佑路378号)建造清真寺。回族是忌食猪肉的,而在清真寺不远的地方就曾是杀猪作集中的地方,虽然是"杀猪弄"在先、清真寺在后,但清真寺仍向沪帮鲜肉业公所和上海县政府申请,希望将杀猪作移向他处。这一申请得到上海县政府的批准,将杀猪弄全部的杀猪作移到了小南门外的小九华街(今王家码头路的西段)，不久，北门内的杀猪弄就以谐音改为"萨珠弄"。十几年前，在人民路改造中，包括萨珠弄在内的多条小路都消失了。而小南门外新的杀猪作集中的地方出现的一条小路又被叫作"杀猪弄"。

到清光绪(1875—1908年)末年，上海已是常住人口两百万的大城市，每天屠宰的猪数以千计，租界有位置固定的宰牲场，城厢的宰业形成了本帮、苏州帮、南京帮三大帮，小南门外猪作弄的场地不敷使用，于是三帮联合向上海地方政府申请，希望政府划出一块更大的土地建立公共杀猪作，这个地方后来被选定在薛家浜底，于是，猪作弄的杀猪作也全部迁走了。

上海老城厢区域人口密集，道路狭小，在现代的城市改造和建设中，一些道路可能因公共绿地建设、道路拓宽改造而消失。我曾参与南外滩滨水区综合开发的规划，可以明确的是，南外滩滨水区综合开发指挥部已经将开发区内的历史道路和路名保护列入规划，这里的大部分历史道路和路名将得到保护，并会在合适的地方悬挂或竖立铭牌，介绍相关历史文化，人们循着铭牌，可以重温上海老城厢的历史。

从马路工程局到上海城自治公所

中国古代无所谓"市政",涉及城市必须的道路、桥梁、排水、河道疏浚、管理等市政设施,以及涉及扶贫济困、社会救济等民政事业,通常由政府支持、资助或民间自发组织的"善堂"承担。善堂的权力和资金有限,众多的善堂各自为政,实际上,中国的许多城市管理和建设往往处于无序,甚至混乱的状态下。

上海东门外不远就是黄浦江,是上海码头最集中的区域,为了运输和进出码头方便,善堂或会馆公所各自筑了多条连通县城与码头的马路,这些路主要是东西走向的,几乎很少有机构去筑南北走向的路,使这里的交通更便捷。旧时,黄浦沿岸是滩地,涨潮时,江水淹没滩涂,一直涨到江岸,而落潮时,近岸处就露出几十米的滩地,由于没有专门的河道疏浚和码头整治机构和经费,这种现状维持了很久。于是,商家一般从江岸向江心搭建浮桥、栈道,或在江中建浮码头,商家争夺码头,侵占江滩现象十分严重。一方面,使黄浦江的水道变窄,影响正常航运,另一方面码头的秩序十分混乱,械斗不断。1895年,上海知县黄承暄在上海道署的支持下,建议从方浜到董家渡沿黄浦江滩筑一条马路,它既是东门外的南北通道,也以它作为黄浦江的岸线,可以有效阻制商家随意侵占滩地,此事得到上海道和省巡抚衙门的批准。但是,上海地方政府没有政府的市政建设机构,于是就组织了一个为筑马路而设立的临时机构——上海南市马路工程局。工程进行得很顺利,两年后全部竣工,还在沿路装了路灯等配套设施,成为沿江的通衢大道,但是,接下来就是问题接踵而来,沿江的码头许多没有堆栈仓库,装卸的货物没能及时上船,或已从船上卸下的货物不能及时运出,就临时堆积在马路上,而小商小贩也瞧准了这里的商机,沿路设摊,不仅影响了正常的交通秩序,还为争夺摊位大打出手,社会秩序极度混乱,人们翻然醒悟,马路还是要靠管理的,于是,1897年,就将那个本来计划裁撤的"马路工程局"改组为"上海南市马路工程善后局",从一个单纯的马路建设机构变成马路建设和管理机构,已初具"市政"的概念。外马路的筑成在一定程度上抑制了商家争夺码头之风,改善了环境与此地南北交通条件,有利于老城厢的经济进步和发展。进入20世纪后,上海南市出现一股填河浜筑马路之风,市政工程的范围不断扩大,总量日益上升,于是为适应新的形势,1905年又将这个"马路工程善后局"改组为"上海城厢内外总工程局"。它已不是为一条或几条马路建设和管理而设的机构,而是为整个上海城厢市政建设而设立的市政组织和领导机构,除了填浜筑路外,还决定在外马路的西侧筑一条与外马路平行,从方浜向南通陆家浜(今陆家浜路,迄点在今南浦大桥附近)的"里马路",即今中山南路,把许多条东西走向的小路串通起来。

以前,中国的行政体系是中央政府下设省,省下设府,府下设县,又在县下设乡,乡下设保,这是农耕时代的行政体制。县以上的行政长官由中央政府任命、指派,县以下的乡、保则由知县指派地方绅士担任,城镇与农村并无明显区分。而在当时的英国,由于城市的作用和地位明显、突出,城市由纳税人组成纳税人会议,再由纳税人会议每隔几年选举产生议会议员,再从议会议员选举产生议长,这样的城市称之 borough,即"自治市"。通常,自治市是一个城市的中心,持有享受特权、自治权和作为法人代表的特许权。19世纪30年代,英国的自治市有了明确、统一的法规,使自治市成为地方政府,并在全国普遍推行,同时影响到上海英租界的工部局(Shanghai Municipal Council,简称 S. M. C),因此工部局也成为租界的管理者。在租界市政建设的带动下,上海老城厢的经济和市政建设也发展迅速,城市近代化的步伐加快,更由于西风东渐,上海市民和有产阶级要求城市自治的意识越来越强,1895年建立的上海南市马路工程局就是仿照上海租界工部局建立的。"工程局"通过评议和推选产生局的董事会成员,当选者为"董事",由董事多名组成"董事会",再由董事会推选或选举产生"总董"一名,副董若干名,领导董事会工作,总董实际上就是自治市的法人、市长,只是有其实而无其名而已。如《光绪上海县续志·卷二》中所讲:

总工程局,在毛家弄口。即马路工程局、水利局旧址。光绪三十一年，巡道袁树勋详准督抚，选举绅董。于是年十月开办。设总董五人，为办事机关，议董三十三人，为议事机关。办事机关内分设文牍处、工程处、路政处、会计处、警务处。凡清道、路灯、开筑道路、修建桥梁、浚河填浜、兴办学堂、编设警察，以及地方一切公益事业之事，无不备举，并禀设裁判所，以便诉讼。各项经费，年需二十余万金，以船捐、车捐、地方捐及租息充田，不敷，则贷款、垫款以济之。先后共建局屋四进，糜银二万余两，都计大小新旧房屋七十余间，办地方自治者皆以为模型焉。宣统二年，奉文改组为"城自治公所"，按照《全国城镇乡地方自治章程》办理。三年，改革时改组为市政厅。

上海首先开始了城市自治，这一模式立即被全国多个城市仿效，而20世纪初，全国掀起"立宪"的高潮，光绪皇帝驾崩后不久，1909年1月22日（农历光绪三十四年十二月二十七日），清廷颁布《全国城镇乡地方自治章程》，命民政部与各省督办，而地方自治的基本组织法就参照了上海城厢内外总工程局。同年6月15日（农历四月二十八日），上海城厢内外总工程局改组为"上海城自治公所"，区域包括上海城、东泾镇、蒲淞镇，及法华、漕河泾、引翔、杨思、三林、陈行、曹行、塘湾、北桥、颛桥、马桥、闵行等十二乡（浦东的洋泾、塘桥、陆行、高行合并为东泾镇，新泾、江桥、诸翟、虹桥合并为蒲淞镇）。上海城自治公所仅存在不足三年，1911年10月10日武昌起义爆发，11月上海光复，新建立的沪军都督府将南市和闸北的"地方自治公所"遣散后归并入"上海市政厅",原老城厢的上海城自治公所改组为"南市市政厅",原"闸北地方自治公所"改组为"闸北市政厅"。

立在城隍庙湖心亭的李平书像,毁于"文革"

李平书(1854—1927年),名钟珏,号瑟斋,晚号且顽,以字行。江苏宝山(今上海市浦东新区)人。早年丧父。十七岁入宝山县庠,后来上海就读于龙门书院,不久因母亲程氏逝世而休学,入《字林沪报》馆任主笔,《民国上海县志》讲他"感城河淤塞,饮料不洁,每遇火灾,取水不便,建议开自来水厂,先就城北设局,引水入城,居民称便",他是上海老城厢自来水、消防、发电等市政、公益事业的首创者和实践者。当时,中国沿海的省份时常会涉及一些涉外的事件、事端,政府亟须一些通外文、懂经济的人到沿海地方任官,1896年,李平书被选中入"保甲洋务局"处理沿海洋务,并任广东陆丰、新宁、遂溪等县知县。1898年,李平书任广东遂溪知县时,因此前清廷被迫与英国签订《展拓香港界址专条》,法国人十分眼红,6月11日,法国外长阿诺托随即训令法国驻华公使毕盛，法国必须在广州湾取得与英国"同样多的土地"。法国不等两国官员会勘，就擅自派兵舰闯入广州湾，强行登陆，占据炮台，制造事端，任意扩大租借地的范围。还有法兵闯入不在谈判范围的遂溪县，叫嚣要将这里的部分土地和岛屿划入拓展的租界，于是，李平书组织军队进行反击，虽然中方伤亡惨重，但也迫使法兵退出，其中两名法军士官和一名传教士被击毙，当然，法国公使又利用法兵被击毙扩大事端，清廷被迫与法国签订《广州湾租界条约》。当时，李鸿章赴广州调查该事件，广东的官吏就把这次事件的责任全部推到李平书一人身上，《民国上海县志·卷十五·人物·李钟珏》中是这样记叙的——"文忠呵之曰：'天下州县，皆如李钟珏，洋人敢要中国土地耶！'"李平书也由此名声大振。1900年，受张之洞聘调湖北，不久又被李鸿章调到上海，任江南制造局提调，并在上海"立初级小学，设医学会及女子中西医学堂。经理擘画，布置秩然，视事之暇，议于城厢南市，仿行警察，设立总工程局，试办地方自治，拆城以兴商务"。李平书在辛亥革命前夕任上海城自治公所领袖总董，兼上海商团司令，他也是同盟会秘密会员，当1911年10月10日武昌起义爆发后，他和陈其美直接领导、指挥上海光复运动，沪军都督府成立后，他任民政总长。辛亥革命胜利后，各政党为争夺胜利果实吵闹不停，李平书"既见党国哄争，时事每况愈下，乃屏迹昆山。取旧藏书画，检点评骘，鉴赏之精迥，非时下诸人所企及"。

1895年和1897年为建设、管理马路而成立的上海南市马路工程局和上海南市马路工程善后局是上海老城厢有独立的市政机构的开始,1905年,由李平书组织并任领袖总董的上海城厢内外总工程局则是上海市自治的发端,如一定要确定一位上海第一任市长,那就是非李平书莫属。

中国最早的警察学校和警察机构

《辞源》是一部比较权威的收集、介绍古代汉语词组的工具书，但《辞源》中只有"警巡"和"警巡院"，而没有收录"警察"和"警察局"，可见，在古代汉语中没有"警察"一词。

《辞源》"警巡"的释文是："警卫巡视。唐白居易《长庆集》三七《除军使邠宁节度使制》：'自领军卫，为我爪牙，夙夜警巡，不懈于位'。"同书还收"警巡院"条目，释文讲："官署名。辽金元于京师置警巡院，设

清末十六铺，图中能看到一位还留着辫子的警察先生

警巡使、副使、判官等官,掌平理狱讼及警巡检稽之事。"从《辞源》的释文和引文中可以看出,古代的"警巡"与近代产生的"警察",是完全不同的概念,"警巡局"和"警察局"也有本质的差别。

与"警察"对等的英文为 police。中国有完全意义上的警察始于上海租界的 police。1843 年 11 月上海宣布对外开放,1845 年,英租界率先在上海城北郊建立,1848 年和 1849 年美、法租界相继成立(1863 年英、美租界合并,即后来的公共租界)。1854 年英租界设立了一个叫作 Shanghai Municepal Council 的市政机构,按英文原意,可译作"上海市政委员会",它实际上就是租界的市政领导和管理机构。西方资本主义国家的城市组织及职能与中国封建社会的县衙门有太大的差别,西方城市的市政府主要掌握城市建设和公益事业的发展,而中国县衙门则集行政、司法大权于一人;同时,在汉语中尚无一个与 Municepal Council 对应的词,于是,中国人认为租界的 Municepal Council 与中国官制中的"六部"中的工部相似,就叫它"工部局"。在工部局建立的同时,他们又设立了一个 Police Station 的机构,它就是西方国家的警察局。但是,中国官制中没有相似的机构以及与之对应的词,而在清代官制中,在京师设立"提督九门巡捕五营",其下还设了一个"巡捕营",该机构与后来的卫戍部队相似,职能是保卫京师之安全的,于是,police 就被译作"巡捕",Police Station 就被译作"巡捕房"。巡捕房是西方殖民主义者在中国领土上设立的最早的警察机构。由于近代学者一般是把上海租界和华界制度分别叙述的,所以,租界巡捕房虽然是在中国领土上出现最早的近代警察机构,但它并不是中国最早建立的警察机构。

租界巡捕房制度的建立为上海逐渐完成城市治安制度和建立城市治安体系提供了蓝本。1860年至1862年间,以忠王李秀成率领的太平军东进军攻克镇江、常州、无锡、苏州、宁波等广大苏南浙北地区后,三次向上海发动进攻,上海的兵防吃紧,同时,苏南浙北被太平军攻占后,又有数以十万计的难民集中拥入上海,使上海的城市治安和社会秩序发生极大的混乱,于是,上海就建立了一个叫作"巡防保甲局"的巡防机构。巡防保甲局在城内分东南西北中五局,以中局为总局,在城外也以原"图"为基础,重新设立十二个"图局"(即分局),形成了一个比较严密的巡防体系。由于巡防保甲局已具备了近代警察的特征和若干要素,所以,当年柳亚子主纂《上海年鉴》时,将巡防保甲局作为中国警察机构之发端或雏形。

按大清制度,行政长官和军事长官是分职和分署办公的,军事长官冠以"提督",如控辖两江(两江的范围相当今安徽、江苏全省及江西、浙江的部分地区)的军事最高长官称"两江提督",近代从厦门调驻上海的抗英英雄陈化成的官衔为"江南水师提督",或"提督江南水师军门"。他们直辖的部队番号上一般也冠以"提督"字样,一般带有"提督"字样的军队就相当于现在的野战军,他们的职权和职能是负责兵防、镇压地方叛乱。行政长官则称"巡抚",如江苏巡抚、浙江巡抚等。巡抚不掌握军队,但是,在省府或大城市中,为了保卫当地衙门的安全,以及维护地方秩序,巡抚也可以掌握一定的武装力量。这种部队一般冠以"抚军"、"标军"等,由于他们受制于行政长官,一般又被叫作

"亲兵"。这个机构和组织近似于今天的"武装警察"。由此可见,"亲兵"也已具备了城市警察的某些特征。

近代上海开埠之前,上海仅是一个远离省府的边远城市,虽然商业经济已发展到相当的水平,但城市的治安还比较稳定,所以上海只有提督派驻的军队,地方政府不拥有"亲兵"。随着上海的开放和涉外事务的日益繁重,上海的政治和经济地位越来越显赫,如设在上海的外国人教堂、外事机构需要保护,上海道衙门需要守卫,于是经江苏巡抚批准,设立了由上海道直接控辖的准军事武装。他们受上海道指挥,并驻扎上海,其名称叫作"抚标沪军营",也省称为"沪军营"或"亲兵营"。其总部营址设在沪南已废弃的立雪庵原址,在城内和浦东设立分营,主要负责浦东十一处和浦西十二处的政府衙门、重要渡口、外国教堂的保卫,有点像现在的"武警"。"抚标沪军营"的组织和职能也具备了近代警察的特征,所以,其也可被作为近代警察的雏形。

虽然巡防保甲局和亲兵营均具备了近代警察的某些特征,但其毕竟不是一种完全的警察机构,而且巡防保甲局和亲兵营属两个系统,操作时不易协调,又分散了他们的工作和战斗能力。光绪三十年(1904年)上海道决定仿效日本的警察制度建立近代警察,"警察"一词就是当年从日文中引进的。

当时,有一位叫刘景沂的日本警察学校毕业生回上海,他即被上海道聘用,并在求志书院创办了中国第一所警察学堂。第一期学生就从巡防保甲局和亲兵营中挑选,经过三个月的强化训练后,中国第一代警察三十人就诞生了。同年,刘景沂又奉上海道之命,将巡防保甲局改组为警察总巡局。警局之分布仍参照保甲局，以中局为总局，城内分东南西北四个分局。两年后，即1907年，又进一步推广警察制度，将警察总巡局改组为巡警总局，下设"四路十九区，有巡官巡长巡士等一千余人，另设骑巡、水巡、消防各队"。从此，上海的警察制度逐渐趋于成熟。

在光绪三十一年(1905年)，上海将原巡防保甲局改组为警察总巡局的同时，上海南市的"大马路"(即外马路)工程完工，当时为筑路而建立的马路工程局改组为上海城厢内外总工程局。它是一个民办的市政工程和管理机构，也设立了一个"警政科"，其管辖区域仅限于南市。初建时全部警员仅一百二十人。光绪三十四年(1908年)清廷颁布《全国城镇乡地方自治章程》；第二年，即宣统元年(1909年)，上海遵宪实行地方自治，又将原城厢内外总工程局改组为上海城自治公所。同盟会会员李平书是城自治公所总董，所以自治公所警务处就在李平

上海巡警总局

书的控制之下。当1911年上海发生"光复"运动时,这支警察队伍在李平书的指挥下参加攻打制造局的战争。上海"光复"后,原巡警总局局长逃亡,局机构解体。于是,巡警总局和城自治公所警务处由新成立的上海市政厅统一接管。

  1912年中华民国成立后,上海的警察机构多次改组,名称也几经改换:1912年改称警务公所,1913年改称上海县警察事务所,1914年改称上海县警务所等。但是,这基本上是换汤不换药,其建置和结构并没太大的变化。1927年南京国民政府成立,7月,上海成立特别市,于是上海全部的警察被国民党政府接管,并改组为上海特别市公安局。1930年,上海特别市改名上海市,于是又改称上海市公安局,局址就在今蓬莱路河南南路转角处,即原上海市公安局南市区分局址。

为光绪亲政而建的万寿宫

"万寿宫"是一种专用建筑的名称,主要用于"国家庆典,官吏朝贺",如新皇帝登基,幼帝成年亲政,皇帝、太后诞辰庆贺等,从中央到地方均要举行隆重的庆祝仪式,山呼皇帝万岁,这类活动都是在"万寿宫"中举行的,所以,不少县一级以上的地方就建有一个万寿宫。

上海县的万寿宫建于光绪年间。光绪二十年(1894年)是慈禧太后六十华诞,全国都举行了隆重的庆祝活动,上海是开放口岸,上海的华界和租界也同时举行声势浩大的祝寿庆典。11月19日,设在上海江海北关的书信官局还特地发行《慈禧太后六旬万寿及中外通商五十周年》纪念邮票一套九枚,这是中国邮政发行的第一套纪念邮票。也许是这原因,上海出版的不少著作或介绍文章就误释上海的万寿宫是为庆祝慈禧太后六十万寿而兴建的。如《南市文史资料选辑》(三)的"万寿宫与半泾园"一文中讲:"老上海都知道,上海城内过去有一座万寿宫。这座万寿宫,据说是清朝时期上海地方官员,为了庆祝慈禧太后六十寿诞而专门建造的。"此说不准确。

万寿宫

在本书的相关篇章中提到,清康熙、雍正年间没收天主教教产后在老天主堂空地上建了一座关帝庙。咸丰十一年(1861年),清廷同意把原没收的教产归还天主教,于是只得把这个关帝庙迁到原海防厅旧址重建,所以,这个关帝庙不是道教产业,而是上海地方政府公产。在上海万寿宫建造之前,关帝庙就起了"国家庆典,官吏朝贺"的作用。所以,其虽不是万寿宫建筑,却行使了万寿宫之功能,有些著作也把这座关帝庙叫作"万寿宫"。

大家知道,1875年同治皇帝驾崩后,由于同治帝无嗣,即由咸丰皇帝之弟醇亲王奕𫍯之子爱新觉罗·载湉继承皇位,即光绪皇帝。光绪登基时年仅四岁,即由慈禧太后"垂帘听政"。按中国礼仪制度,男子年满十六岁行冠礼后就算是成年人了。光绪十三年(1887年)光绪行冠礼后,慈禧应结束"听政",归政光绪,但慈禧不放心这位颇有才华和见地的光绪帝,迟迟不肯结束"听政",但又难以抗拒来自各方面的压力。所以,在归政光绪的同时仍坚持听政,人们叫作"训政"。

上海作为开放口岸,是思想最活跃,各种党派活动最频繁的地方,所以,从1887年慈禧坚持训政后,就出现了许多要求慈禧太后归政光绪的活动。在多方面压力下,慈禧终于在光绪十五年(1889年)归政光绪皇帝。为了庆祝光绪皇帝亲政,上海计划营建万寿宫。

万寿宫的选址遇上了较大的麻烦,因为自上海开埠以后,上海的人口增长速度过快,上海县城内早已人满为患,已很难寻找到一块建造较大宫殿的土地。后来经过多方努力,才确定由上海士绅集资和政府拨款的方式购进上海城西南的半泾园废址地七亩余营建万寿宫。

万寿宫工程从光绪十五年(1889年)9月破土动工,12月21日举行落成仪式,历时仅三月,耗资二万五千余元。万寿宫的建筑比西门的文庙大成殿宏伟得多,屋顶仿北京皇宫样式,全部使用琉璃瓦,建筑采用木结构接榫,没有使用过一枚铁钉。因为万寿宫是为庆贺光绪皇帝亲政而特建的,万寿宫的园外围墙涂成皇帝专用的杏黄色,人们就叫作"皇宫"或"黄宫"。墙角两边均嵌有"文武百官至此下马"、"文武百官到此下轿"的石碑,其气派是够大的。

这里,笔者有必要对"半泾园"作一简单的介绍。

我们知道,上海在古代也是典型的江南水乡城镇,城内河道密布。据《嘉庆上海县志》中讲:"半段泾,穿心河(即中心河)之西南流者,经亭桥,过杨家桥,至西城根止,故名半段泾"。原来,在城内中心河处分流出一条支流,因水流到城墙根下就断流了,所以被人们叫作"半段泾",又据《光绪上海县续志》中记载,光绪三十二年(1906年)半段泾被填没后筑成了蓬莱路。半泾园原是明代赵东曦的产业,因位于半段泾畔而取名"半泾园"。清初,半泾园地产归上海名绅曹一士所有。1853年小刀会起义时,半泾园受到严重的损坏,而曹氏后人也无能力修复之,所以,当上海县要建万寿宫时,曹氏就将半泾园地产有偿转让给上海地方政府了。

光绪十五年(1889年)万寿宫建成,正巧是慈禧太后归政光绪帝的日子。次年元月,又是光绪皇帝"二旬万寿",上海择元旦举行庆祝皇上二旬万寿暨万寿宫落成庆典。上海道龚照瑗还撰《万寿宫碑记》,立碑纪念。碑文较长,兹节录部分如下:

岁在屠维赤奋若我皇上龙飞十有五年,皇太后归政礼成,天子亲裁万儿(机),宸纳总揽,德施汜濩,咸与维新。于是大小臣工,寰瀛内外,莫不轩騺鼓舞,颂亿万年无疆之休……今年恭逢皇上二旬万寿,举行庆典。普天率土,忭舞胪欢,而祝厘之宫,适于是而告成。仪象天地,员楠中程,懿欤铄哉……

从《万寿宫碑记》中也可以看出,上海万寿宫是为光绪十五年慈禧归政光绪帝而特建的,而并不是为祝贺慈禧太后六十诞辰造的。

1898年戊戌变法失败后,光绪皇帝被慈禧太后幽禁于瀛台,1900年北方义和团运动期间,光绪又被慈禧太后挟持到西安,于是,上海庆贺国家庆典或庆祝皇上万寿的活动一度中止。约1906年清廷宣布废除科举考试,创办新式学堂时,万寿宫址即被西城小学借用。宣统三年(1911年)冬,上海"光复"运动期间,万寿宫一度又成为革命军的兵营,次年,又归还西城小学使用。1937年"八一三"淞沪战争中,万寿宫建筑遭严重破坏,《万寿宫碑记》也不知去向。解放后,西城小学改称蓬莱路第二小学。20世纪80年代蓬莱路二小将万寿宫改建为教育楼时,偶然中将遗失多年的《万寿宫碑记》从地下掘出。不久,该校又在图书馆中找到了光绪己丑(1889年)俞樾隶书"半泾园"石刻门楣,连同蓬莱路二小西隔壁的一条小路——半泾园弄,均证明了半泾园和万寿宫的关系。

小南门的救火联合会钟楼

消防历来被视为城市的公益事业,由于古代中国的城市无所谓市政,因此几乎所有中国城市的消防是由属于民间慈善团体的善堂创办和领导的。近代以后,上海的租界里首先出现了由市政机构掌管的"救火会",对城市安全起了重要的保障作用。在租界的影响下,上海县城也在清末组织了属于市政的救火会,开创了消防归市政的先河。

据清人陆以湉《冷庐杂识》卷六中讲:"救火之器,古惟水袋唧筒,顺治初,上海县唐氏得水龙之制于倭人,久而他处渐传其制"。以前中国用一种带嘴的皮质水袋作为灭火工具,使用时将皮袋装满水,再通过人工挤压,使皮袋内的水从嘴中喷出来,这种方法显然是很落后的。清顺治初,上海的唐氏从日本人处得到一种叫"水龙"的灭火工具,这是一种原始的人工水泵,通过推拉水龙把柄,就可将水从一处抽到失火地,达到灭火的目的。

上海人把农历五月二十日定为"分龙日",据讲在分龙日的第二天下雨即预兆当年秋粮丰产,所以民谚讲:"二十分龙廿一雨,石头缝里都是米",天有不测风云,谁能保证老天哪一天下雨而哪一天又不下雨呢!万一五月廿一日那天晴朗无云,那不是预兆了今年秋粮会歉收吗?于是,上海人择分龙日那天,把所有能抽水的工具全部集中起来,廿一那天万一天不下雨,也给它来个"人工降雨"。所以,上海谚语又讲:"二十分龙廿一雨,水车搁拉弄堂里"。水龙、水车等是古代上海重要的抽水工具,所以当五月二十日所有的抽水工具集中起来,并开展群众性的抽水活动日,这一天实际上就是检验抽水设备和抽水能力的"消防日"了。

1843年上海开埠后,随着租界的建立和租界市政建设的发展,城市消防也被提上议事日程。1863年工部局从美国购进一台灭火水泵,与此同时,不少洋行为了自身的安全,相继购进一些灭火水泵。1865年工部局就与外国人开设的保险公司联系,规定租界内商行必须购买火险保险,并由保险公司垫资、工部局设立火政处,下设各救火分队,从此,开创了租界的救火市政事业。

为了检阅救火队员的能力,租界定夏秋之交举行展示消防器材和检阅消防人员的集会,中国人称之为"水龙会"。光绪年间出版的《点石斋画报》曾画了一张租界西人水龙会的场景图,说明文字中讲:"西人水龙会每年夏秋间举行一次。是夜齐集浦滩,各水龙排定次序。据前者为灭火龙,另扎一纸置车上,中烛以火,旁悬五彩琉璃灯,其后十余车如前,间以花、火球、火镜、火字及西人音乐,光怪陆离耀人耳目,来观者如潮涌。"据说,每年举行水龙会时,租界内总会出现几次火警,于是租界放弃了水龙会的大规模活动,"仅于浦滩演习放水之法"。据记载,1897年租界为庆祝维多利亚女皇在位六十周年,又在外滩举行过一次规模空前的水龙会,这也是租界举行的最后一次水龙会。

租界建立的救火会中均建有很高的瞭望台,随时瞭望四周火情,一旦发现火情,立即以电话通知教堂。教堂即敲响教堂钟,停泊在黄浦江上的军舰立即发出三炮,江上所有火轮听到炮声后,全部拉响汽笛,于是,对火警意识不足的上海人来讲,听到不停的警钟和汽笛声,真有点被吓得魂不附体之感。清人写的几首关于火警的竹枝词中可略见一斑:

杵急钟楼报祝融,赤夜光夺满场红;
腾空百道飞泉起,机器新成灭火龙。

《沪北西人竹枝词》

救火全凭瞭望台,警钟一响敢迟回?
头冠铜帽车行快,路上行人尽避开。

《海上竹枝词》

失火原本怕旱冬,五更飞到惊人钟;
车声轧轧前行急,道是捕房出火龙。

《海上新竹枝词》

由于教堂的钟太小,钟声传得不远,1880年工部局又从美国购来一尊六千多磅重的大钟挂在山东路救火总会上,后来废除了敲钟报警制度,这口大钟又被移到了兆丰公园(今中山公园)。现在不知这口钟还在否？

上海老城厢的救火会最初由善堂建立，但是善堂因资本不足，根本无力在各区设立救火会，而各地段的商店也深知失火是一件性命攸关的大事，于是各地段以商界集资成立救火社。据《光绪上海县志》中记载，光绪末年上海城厢有：头铺平安社、四铺永庆社、十铺永安社、十五铺既济社、俞天顺救火社、果育救火社、钱业救火社、木商救火社等四十二家。这些各自独立的商业救火社实际上没有足够的消防能力。据记载，1907年租界的外商保险公司试图拓展在老城厢的火险保险业务，通过调查后，他们发现中国分散的救火社根本不具备集体的消防能力，也难以与救火社洽谈投资保险计划，就向上海道提议，允许外商在城厢开展消防保险，并允许在失火的情况下，由租界的消防队进入城厢救火。由于当时华界和租界是分辖的政区，允许租界消防队进入华界救火是涉及国家主权的大事，地方官员根本无权对此作出决定，但洋商的请求也给上海华界的各救火会带来一定的压力和启迪。大家认为只有将分散的救火社联合起来成立统一的救火机构，才能提高消防能力，这也是抵制租界企图染指华界消防事业的最有效措施。1907年，上海城厢内外总工程局总董李平书和万家公益会总董毛子及等人联合发起建立救火联合会，并以万家公益会为联合会会所。上海知县李超琼也拨出原小南门内粮仓废址地二亩五分多建造楼房，作为老城厢各救火会会员聚会的场所。同时，又在这里建造一座消防瞭望台暨火警钟楼，并于1910年正式建成交付使用。

瞭望台由求新机器轮船制造厂（即求新造船厂）承担设计和营造，

1937年"八一三"淞沪抗战中被炸的南市,后面的建筑即上海救火联合会瞭望台

为全钢架结构,总高十丈五尺八寸,共分六层,每层间有级扶梯,其间设一个大平台和三个小平台,在第四层中设一口由机器锤敲击的大钟,钟的高度三十九寸,下口径六十寸,重四千八百磅,钟声可以传到老城厢的每一个地方,顶层设火警瞭望台,站在瞭望台内"穷睫所至,毕现无遗",可以看到老城厢的任何地方。联合救火会还把老城厢划分为十二个消防区,发现火警后一次性敲钟二十五下,稍后,城内以肇嘉浜(今复兴东路)为界,钟鸣一下,表示浜北出现火警,二下表示浜南出现火警,城外又划成三个警区,分别以钟鸣三下、四下、五下表示。当时人写的关于上海火警钟竹枝词中讲:

乱钟初敲莫慌张,几下分清按地方;
但愿听来非本界,尽堪高卧不提防。

联合救火会的火警钟在辛亥革命和上海第三次工人武装起义时也起过很大的作用。

李平书是同盟会秘密会员,也是上海起义的主要领导人之一。在

上海起义之前,李平书已是上海自治公所总董、上海商团会长、上海救火联合会会长,实际上所有的上海地方武装均掌握在他的手中。真正受清廷指挥的只有在江南制造局以及分散在几处的清军驻军。10月10日(农历八月十九日)武昌起义爆发后,陈其美、李平书等就积极策划上海起义,并定于11月3日(农历九月十三日)以火警钟的钟声为号,各队分头向清军驻军发动进攻。因为这一天是农历九月十三日,所以起义信号的钟声也定为先打九响,稍停顿后再打十三响。当清军尚未弄清何处发生火警时,所有的起义军已将清军全部包围了。同样,1927年3月21日上海南市发动工人武装起义时,也是以钟声为信号,打响了南市起义的第一响。

南市救火钟是老城厢市政步入近代化的标志之一,也是近代南市革命斗争史迹之一,成为开展乡土教育和爱国主义教育的实物教材。

上海的南火车站

北火车站

以前上海有个"北火车站"（简称"北站"），它的全称为"沪宁铁路上海火车站"。1987年，上海新的火车客运站建成和投入使用后，北火车站结束了它的历史使命，被改为上海铁路局技术整改站，这里仅留下一个叫作"老北站"的片区地名而已。

以前上海也有一个与"北火车站"对峙的"南火车站"（简称"南站"），它全称"沪杭甬铁路上海站"。该站在1937年"八一三"淞沪战争中被日寇炸毁了。由于它消失太早，许多上海人已忘记了它的存在，不过南市区还有"南车站路"、"车站东路"、"车站后路"、"车站支路"等带有"车站"的路名，它们也是这个"南火车站"留下的孑遗。

20世纪末，中国的东北、山东、江苏、安徽、浙江等地兴起了一股大规模修建铁路之风。1897年,由南洋大臣提议,江苏省决定兴建上海至南京的沪宁铁路,预算资金七百万两,但是,当时江苏省拿不出这笔资金,于是就动用原向英商瑞记洋行借款计一百五十万两,再加上两淮盐务司拨款一百万两,张之洞从直隶海防署拨款五十万两,合计三百万两先筑淞沪铁路。当时,英国政府企图控制中国的铁路权,他们通过总理衙门,愿意向中国贷款兴建沪宁铁路。1898年盛宣怀(杏荪)代表沪宁铁路局向由英商汇丰银行和怡和洋行为主组成的中英银公司签订借款合同,向中英银公司借款三百五十万英镑。由于铁路投资涉及国家主权,当中英签订沪宁铁路借款合同之事传出后,立即遭到江苏全省绅商的反对,但合同业已生效无法修改,江苏省只得采取补救办法,将借款额改为二百五十万英镑,并争取早日归还本息,结束合同。

在沪宁铁路修建的同时,考虑到江苏省与邻近的山东、安徽、浙江等省的铁路并轨,江苏省又先后成立江苏省铁路公司和沪嘉铁路公司,计划修建上海至嘉兴的沪嘉线,苏州至嘉兴的苏嘉线,清江至徐州的清徐线,清江至海州的清海线。鉴于原沪宁线借款曾引起的风潮,江苏铁路公司和沪嘉铁路公司就实行募集商股的办法。

继江苏铁路公司成立后,1905年,浙江省也成立全省铁路公司。为了防止外商插手浙江铁路,浙江也掀起了一场保路运动,全省绅商纷纷认购股票。当股票认足后,浙江铁路公司考虑到当时杭州只有十余家资本额并不大的钱庄,如将大量资本存入钱庄,势必会给今后使用带来困难,于是,在1906年正式成立浙江铁路银行。不久,这家银行又通过集股而改组为浙江兴业银行(今北京东路江西中路口的大楼叫"浙兴大楼",为该行行址)。

浙江铁路公司成立后就计划建造上海——杭州——宁波的沪杭甬铁路,并先建杭州至嘉兴段,以便与由江苏省承建的沪嘉线接轨。

沪杭甬铁路上海至嘉兴段于1909年筑成通车。同年,沪杭甬铁路上海站建成并投入使用,因位于上海市区的南面,故被叫作南火车站。南站占地约275亩,位置相当于今新肇周路以东,普育东路、沪军营路以西,瞿溪路与中山南路之间,车站主建筑为二层西洋式建筑,正大门朝南开在今南车站路上,车站内设有候车室和三座建有雨棚的月台,车站附近有有轨电车与城厢相通。在建筑规模和规格上并不逊于北火车站。

南火车站

由于沪宁和沪杭甬铁路分属跨省的两个铁路公司,其中沪杭甬铁路嘉兴以南属浙江铁路公司,以北属江苏铁路公司,因此,管理上非常混乱,尤其是这两条铁路不并轨,车站又分设两地,也给乘客带来诸多不便。1914年,沪宁铁路和沪杭甬铁路先后收归国有,并成立"沪宁、沪杭甬两路总务处",统一管理两路。同年,两路总务处着手兴建从北火车站至新龙华的铁路支线,并于1916年12月9日正式建成通车,从此沪宁和沪杭甬铁路并轨。由于北火车站位于市区中心区,交通方便,人流量大,部分驶往浙江的火车也以北火车站为始发站。与北火车站相比,南火车站的地位和作用就小得多了。

南火车站的建成通车对促进南市的市政和经济发展起了很大的作用。在南火车站兴建以前,陆家浜(今陆家浜路)以南的地区大多为私人坟地和善堂、会馆的义冢。随着南火车站的通车,这里的地价激涨,那些坟地相继被转让后建为住房、工厂、学校或其他建筑;由于从城厢去车站的人数大增,上海又在南门外开筑了多条马路,今天与南车站相接的大兴街初建时叫"大新街",就是以新建的大街而得名的。同样,火车站是进出上海的口子,许多不法商人在这里设地摊,专门出卖假冒伪劣商品骗取初到上海的外地人钱财,沪语把假货、次货叫作"大兴"或"大兴货","大兴街"据说就是因大新街上常见的不法商业行为而得名的。

1937年"八一三"淞沪战争中,南火车站被日寇炸毁,因为当时沪杭甬铁路和沪宁铁路已并线多年,所以以后一直没有重建,这里的几条带"车站"的路名才使人想起它的存在。

关于上海江海关的故事

南宋迁都临安(今杭州市),中国又进入一个暂时分割的南北对峙时期。为了加强对近海沿江航运和贸易的管理,更为了增加政府的财

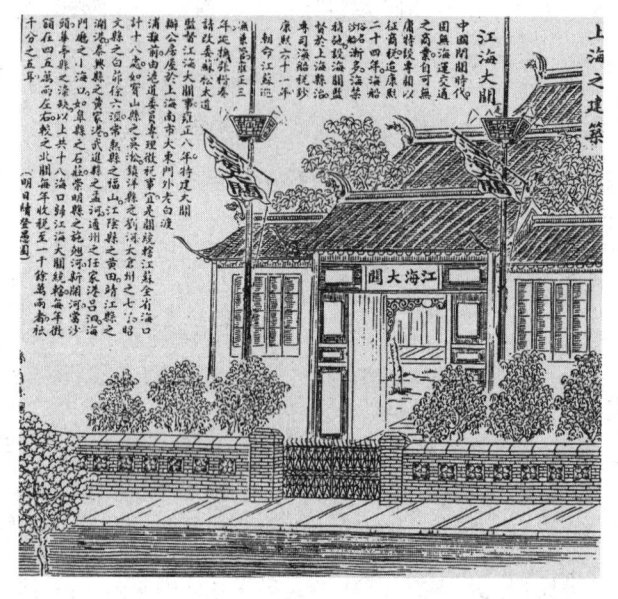

《图画日报》绘设在上海的江海大关

政收入，就在近海及沿江设立"市舶司"，顾名思义，它就是水上航运和贸易的管理机构，可以被视为"海关"嚆矢。而当朱元璋抢在其他农民军之先登基做了大明王朝的开国皇帝后，立即遭到其他农民军的反对，于是他又调动精兵强将镇压反对他做皇帝的人，迫使近海的农民军向沿海及海岛转移，朱元璋为了继续围剿和镇压，就下达了极为严厉的"海禁"令，就是禁止民间在沿海开展航运贸易、海上作业，由于近海航运中止，近海已经形成的港口衰落，当然，所有的"市舶司"也关闭了。

明朝的"海禁"时紧时弛，以禁为主。清兵入关后，明朝旧臣拥戴福王朱由崧逃到南海，建立南明王朝，继续对抗清政权，并不断从海上进攻清王朝，于是，清初的"海禁"政策较明朝有过之，无不及。上海人民出版社出版《清代日记汇钞》收明末清初青村（今上海市奉贤区青村镇）人曾羽王《乙酉笔记》中记：

> 鼎革后，海禁尚未甚严。即岁奉严密，犹得易船而筏，人可备食诸味。至顺治十六七年，并绝开排之例，人乃于途次张网。自苏、宜两大人（按：即部臣苏纳海、宜理布）巡历后，家有藏网者以叛逆论，而居民遂无可下手矣。然康熙二年，海中鱼盛之极，漂入海滩。居民与兵丁争拾之。然居民拾者，一见兵丁，即委去，惟恐罹于法也。若蛏及海鲥之类，则又不在禁例。至二年六月间，抚道差官至所，于护塘外鳞次树木，并置界牌一面，上书："居民过限者，枭示！"

海禁之严可见一斑。

南宋的华亭市舶司长期设在青龙镇,即今日青浦区白鹤镇附近的"旧青浦",宋末元初迁上海。清《同治上海县志·卷二·建置·衙署》中讲:"知县署,元市舶司署也。至元二十九年,始立县,以旧榷场为署。《永乐大典》:县署旧在儒学东,系松江总场。大德二年,并市舶司于四明,乃移县于司署。"在南宋时,上海有一个榷场,即贸易市场,当宋末元初将青龙市舶司移迁上海时,上海市舶司就建在"榷场"内,而当元大德二年,上海市舶司又迁到四明,即今宁波市后,旧上海市舶司的地方就成了上海县衙门所在地。本书有专文介绍,此略。

到了清康熙二十二年(1683年),清军收复台湾,郑成功之子郑克塽投降,标志着沿海反清武装被肃清,二十四年(1685年),康熙皇帝颁"弛海禁"令,结束了中国约三百年的近海禁运政策,于是,包括上海在内的中国近海港口城市得以复兴,同样,为了加强对近海航运的管理和贸易的征税,清政府又分别在南洋的广州、福州、宁波、上海设立粤、闽、浙、江"四大海关"。这是中国有"海关"之始,当然,人们经常提到的"江海关"是指设在上海的江苏海关(上海在历史上长期隶属江苏省)。《同治上海县志·卷二·建置·海关》中说:

> 康熙二十四年,诏弛海禁,设海关关督于县治,专司海船税钞。以内务府司员监权,笔帖式副之。定例期年奏销。榷使初驻漴阙。二十六年,移驻邑城。后以巡道榷税。

也许由于海上禁运已实行了许多年，人们已弄不清海船会泊在哪里，就把江海关设在离上海很远的漴阙（又作"漴缺"，在今奉贤境内，该地名今已湮没）。一段时期下来，几乎没有船在那里靠岸，于是又将其迁到上海。该《志》中又讲：

> 道光二十三年，诏准西洋各国，南五口通商，上海居五口之一，于是有新关之设，亦归苏松太道兼理。
>
> 大关，在小东门外东北面浦。咸丰三年，寇毁。五年，巡道赵德辙重建。十年，粤逆犯境，又毁。今暂移大东门外老白渡救生公局。关未建。

第一次鸦片战争中，英军兵临南京城下，大清被迫与英国签订《南京条约》，规定上海、宁波、福州、厦门、广州五口对外通商，为了应对上海对外开放，1843年（道光二十三年）江海关在外滩增设了一个新关，主要负责对外轮的管理和征税，由于这个新北在原江海关的北面，就被叫作"江海北关"，早期还被叫作"新关"、"北新关"等名称，于是，原来的江海关就被称之"江海南关"，又称之"南关"、"大关"、"江海常关"、"常关"等。《同治上海县志·卷二·建设·街巷》中说："北弄。在旧海关基北。今废。其地即新开河。""新开河"的地名至今仍在，就是上海老城厢东北的"新开河路"，这与记载的江海关"在小东门外东北面浦"是一致的。1853年（咸丰三年）上海爆发小刀会起义，起义军攻占了上海县城，据记载，当时的海关里存放了二百万两尚未解运的白银而遭到小刀会福建帮的洗劫，海关也彻底被毁了；两年后，上海道赵德辙又在旧址重建，1860年又遇上太平军东进，太平军又从黄浦江攻打海关，刚建成的海关又一次被毁了，于是，上海道只能放弃毁坏严重的海关，暂时搬到"大东门外老白渡救生局"办公，并没有建造新关。

清代上海人毛祥麟《墨余录·卷七·獭床》中讲了一个与"新开河"有关的有趣故事：

> 我邑小东门外江海关北，向有天妃庙，重楼飞阁，殿宇巍峨，海舶往来，酬神演剧，香火极盛。庙基面浦，正对陆家嘴，适当吴淞海水入口处，每至秋潮泛涨，白浪掀天，日夜冲击而无所损。相传正殿下，有数百年水獭窟，所退之毛，结成獭床，至宝也。得之航海，可无水患。西人通商后，殿宇如旧。咸丰癸丑（1853年），虽经会匪兵燹，而旧址尚存。众商集资重葺，焕然一新。迨粤逆（指太平军）陷苏、常，西人以助剿故，请益租地。于是，关与庙基，尽为法兰西界矣（作者有误，海关被划进租界，但天后宫在城墙上，仍为中国地界）矣。法人亦闻此异，因而毁殿开河，冀得此宝。诣意掘地数丈，竟无所获。今之"新开河"，即旧时庙址云。

中国人迷信，传说天后宫的大殿下有百年水獭之窟，拾水獭之毛而编成织物有特别的功能，携带到船上，可以抵御激浪汹涌。当这里被划进法租界后，法国人信以为真，就大动干戈在这里挖地数丈，寻找水獭，水獭没找到，竟挖出了一条河浜，这河浜就是——新开河。这又是古人的瞎三话四，法国人哪会相信用天后宫大殿下水獭的毛织成的巾可以抵御风浪的离奇故事。法国人梅明、傅立德著《上海法租界史》也详细提到开挖"新开河"的过程。原来，这一带的地势很低，被划进法租界后，每当雨季或涨大潮，护城河的水位很高，外溢而冲进法租界，使这里长年积水，生活很不方便，法租界就在这里挖了一条与护城河相通的河浜，直接把护城河的水引入黄浦江，解决了这里的积水问题，因是新开凿的河浜，就被叫作"新开河"，外文把中国的寺和庙统称为 temple，这条与天后宫相近的小河英文称之 Temple Brook，于是也汉译为"寺浜"，又讹作"竖浜"，1908 年填河筑路，即今天的"新开河路"。"新开河路"很短，知名度不高，但"新开河外滩"的地名知名度就高多了。

行文至此，读者也许已经聆清了。这个海关原来在中国地界，1860 年太平军东进时又把海关毁了，而当时法国人以帮助清军镇压太平军为由，希望拓扩租界，于是海关的地基被划进法租界，当战争结束后，海关就不宜在旧基重建，租用到"大东门外老白渡救生局"办公。《光绪上海县续志·卷二·建置·海关》中说：

江海北关，建于 1857 年，1891 年拆毁，是清代官衙式房屋，是早期外滩唯一中国人使用的建筑

117

江海常关。前《志》称"大关"。其题额曰"江海大关"。《辛丑和约》成,定今额。本设于老白渡同仁辅元堂之救生局。同治十年,巡道涂宗瀛给发官价,改建关屋。嗣,出浦续有涨地。光绪二十七年十月,巡道袁树勋以旧址变售,移建关屋于外马路。计办事室两进,连厢楼平屋三十七间,用银九千余两……

关于"同仁辅元堂"和"救生局",本书有专文,此略。沪方言中"白"音近bé,"摆"音近bā,尤其在旧沪语中"白"与"摆"的发声是很接近的,容易混淆,如今天著名的"外白渡桥"在清代与民国初的著述中大多写作"外摆渡桥"、"头摆渡桥"、"摆渡桥"等,就是因为该桥建在原苏州河的第一个摆渡口而得名的,由于"白"与"摆"读音相近,才讹作"外白渡桥"。上海城墙中的"大东门"长期是最大最主要的城门,从这里出城就有一个黄浦对江渡,后来,上海东门外的商业繁忙区从大东门向小东门转移,那个大东门外的摆渡口不如以前繁忙,遂被人们称之"老摆渡",讹作"老白渡",今天这里尚有"老白渡路",应该即"老白渡"旧址。黄浦有滩,滩地淤积到一定程度就成了陆地,这些土地属于"官地",也即国有资产,后来,上海道就把涨滩拨给海关,并在这里建设关署。沿江的滩地可以用于建设码头,地价昂贵,1901年(光绪二十七年)上海道袁树勋又将沿江的关署高价出售,再买进相近的外马路土地重建新署。

　　"老上海"们应该知道,肇嘉浜是上海历史上一条著名的河流,它的走向大致上相当于今天的肇嘉浜路、徐家汇路、方斜路、复兴东路,它从今方斜路人民路口的水门进城,从大东门水门出城,注入黄浦江,它也是流经上海县城最大的河流，小型的木船可以从黄浦江经肇嘉浜进入上海县城。这个海关建在肇嘉浜北岸靠近黄浦江的地方，这里就建了一座官码头。这里也是人口稠密区，这一段的肇嘉浜上有多座桥。据《光绪上海县续志·卷四·桥梁》中记：

> 城东，跨肇嘉浜者自浦口迤东至朝宗门大关桥光绪二十三年马路工程局建。宣统元年改平。里关桥、龙德桥宣统二年，城自治公所翻平。外郎家桥光绪三十二年，总工程局改平。里郎家桥光绪三十二年，总工程局改建。上三桥并见前《志》。坝基桥宣统二年，城自治公所翻平。

在建设海关时，就在海关的肇嘉浜东、西两侧各建一桥，分别叫作"外关桥"和"里关桥"，统称"关桥"，这些桥在清末填肇嘉浜筑马路时先后被拆了，今天，上海人仍把今复兴东路外滩一带称之"关桥"或"关桥码头"，就是以这里历史上的"关桥"而得名的，在解放后的相当长的一段时期里，许多从水路运进上海的水果就在"关桥码头"上岸，这里也曾是上海水果的集贸、批发市场，而如今，这里将被改造成"南外滩"的滨江景观区、旅游点。

上述的海关建筑早已湮没了，我们只能在历史画片或照片中见到它们的形象。不过，在今外马路348号还能见到一幢二层西洋建筑，在二层的阳台上还镌有"1922"字样，这是1922年建造的海关办公室，它已公布为上海市优秀历史建筑，大概也是浦西仅剩的江海南关的建筑。我在1996年担任多集电视纪录片——《上海建筑百年》顾问时进

1891—1925年的上海江海北关

入此地,这里已成为某单位职工宿舍,还在建筑的庭院墙角发现一块"江海常关"石碑,今已由上海市历史博物馆收藏,也许,某一天它会出现在上海市历史博物馆的展厅里。

上海的善堂

2014年10月20日《新民晚报》发表记者文章称——《黄浦发现150多年前"果育堂"界碑——见证了本市老城厢善堂的一段历史》,引起了市民和读者的兴趣。中国古代无所谓"市政"和"民政",涉及城市道路、桥梁建造,市民的扶贫帮困,济难救助一般是由称之"善堂"的民间慈善机构实施的。善堂大多由地方贤达、著名人士发起成立,人员大多为"志愿者",经费少量来自地方政府的资助,大部分来自社会团体,如同乡会馆、同业公所,以及民间的慈善捐款,涉及的内容和赡老、育孤、施药、助衣、代葬、收瘗路尸、栖流、救生,以及收买字纸(又称"惜字",古人十分敬重文字,印过或写过字的纸不能随意糟蹋,必须集中后统一销毁)、水龙救难(水龙即消防)、创办义校等,事实上承担了地方政府的市政建设和民政救济的事务。清代,尤其是进入近代以后,上海逐渐发展为都市,从各地进入上海的人口日益增长,由此而产生的社会问题也日益突显。到了清末,上海旧城见于记录的善堂有数十家之多,分别承担不同的慈善项目,果育堂只是其中的一家。

上海早期的善堂

上海见于著录的最早的慈善机构叫"养济院",实际上是由政府出资建立的救济孤寡老人的机构。据《同治上海县志》中记:"养济院,初在县西南。明洪武七年(1374年)建,成化、弘治间知县李棨、董钥增建。嘉靖元年(1522年),知县郑洛书重修。万历间(1573—1620年),移建海防署西。后废。国朝(指清朝。旧时,把当朝称之'国朝')移建大南门外陆家浜南,俗呼'孤老院'。嘉庆十七年(1812年)毁,仅剩厅三楹,东厢三楹。今尽废,无考。"现在上海老城厢还有一条叫作"县左街"小路,中国古代定方向时以南面为正面,"左"一般指"东",这条"县左街"就是以在县衙门的东侧而得名的,当然,原上海县衙门就在"县左街"的西侧,这样我们就可以大致确定,那个养济院最早在今天县左街的西南。"海防署"又称"海防道署",是明嘉靖三十三年(1554年)为抗击倭寇而建立的一个军事机构。道署和兵营设在西门内,旧址在清咸丰

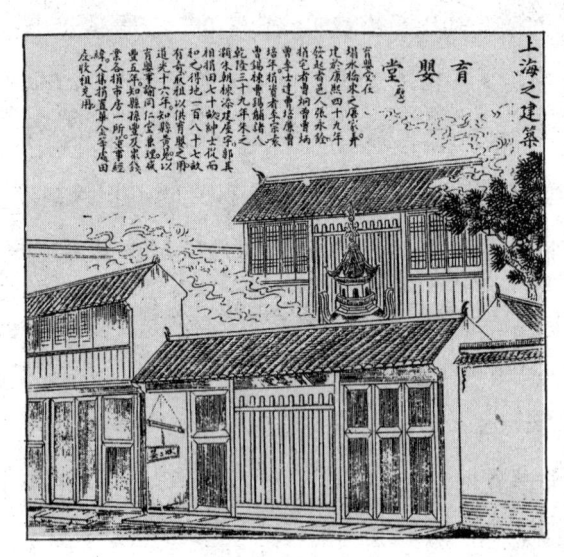

《图画日报》绘上海育婴堂

五年(1855年)重建为文庙,今天,文庙西侧墙外是一条叫"老道前街"的小路,这"老道前"就是"老海防道署前"的意思。"陆家浜"是上海大南门外的一条河流,1926年填平筑路,就是今天的陆家浜路。养济院很早就废了,但是,我们仍可以根据零星的记录,找到它当年的大概位置。

清嘉庆、同治《上海县志》中记录了一个叫"育婴堂"的机构,由一位叫张永铨的绅士创议建立于康熙四十九年(1710年),一位叫曹炯曾的绅士捐出自己在城里"阛水桥"的住宅作为堂所,更多的人捐赠了土地和金钱,其中一位叫朱之淇的人一次捐资三千两,这样,育婴堂开张时就募集到八千缗,田一百七十二亩。中国古代重男轻女思想严重,古人又没有节育措施,于是,溺女婴、弃女婴的现象极为普遍和严重,育婴堂的主要职能是反对溺婴、弃婴,更重要的工作就是收养弃婴。育婴堂的资产难以承担收养的弃婴,后来得到上海道署的资助和帮助,每年从海关税收中拨款,使工作得以正常开展。《同治上海县志》:"阛水桥(在县桥南)跨半段泾者,为亭桥。""县桥"又称"阜民桥",以上海县衙门口有一座叫"阜民坊"的牌坊而得名,以前上海城里有条"阜民路",即以"阜民桥"得名。由于沪西有一条与"阜民路"谐音的"富民路",1980年就将"阜民路"更名为光启南路。"半段泾"是一条小河,1914年前填平筑成蓬莱路。清朝,这里有一条叫"育婴堂街"的小路,民国后更名为"西唐家弄",育婴堂的旧址就在今西唐家弄北面。

上海最大的善堂——同仁辅元堂

同仁堂正式成立于嘉庆九年(1804年),是由上海知县倡议,联合

《图画日报》绘上海同仁辅元堂

多家零散的善堂建立的半官方慈善机构，堂址就设在药王庙贴邻的乔家民宅，门前的一条小路就叫"同仁辅元堂弄"或"辅元堂弄"，这条路很短，只有三四十米，后来改为"药局弄95弄"。该堂的部分经费来自政府的拨款，部分来自团体和私人的捐款，由于是政府出面倡议的善堂，上海各会馆公所的捐款额较大，分为一次性的"总捐"和每年一次的"岁捐"，上海实力最强的豆业公所则每月捐款，当然，同仁堂也分配给捐款机构一定的墓穴比例，帮助他们处置同仁的丧葬事宜，据《同治上海县志》讲，该堂的主要善事分："——六十贫苦，无依或残疾，不能谋生者月给钱六百。——施棺，凡贫无以殓者，予之棺并灰砂百斤。——掩埋，凡无主棺木及贫不能葬者，一律收埋。后又建义校、施棉衣、收买字纸，以及代葬、济急、水龙、放生、收瘗路毙浮尸等事，他如栖流、救生、给过路流民口粮悉预焉，故同仁堂为诸善堂之冠。"

辅元堂由上海人梅益奎、海门人施湘帆、慈溪人韩再桥等发起创建于道光二十三年（1843年），堂址与同仁堂为邻，主要设赈棺局，就是向无力埋葬的贫民提供棺木并建立义冢，咸丰五年（1855年）与同仁堂合并,合称"同仁辅元堂"。咸丰年间(1851—1861年)的上海是多事之秋,咸丰三年(1853年)初,太平军顺长江而下占领了南京,并改南京为"天京",建立了太平天国王朝,使江南的局势发生翻天覆地的变化,估计有两万南京的难民逃难到了上海,许多南京难民定居在城外陆家浜南,形成了一条南京人集中而得名的——南京街,这条南京街一直到十几年前建设地铁4号线南浦大桥站,以及周边旧城改造时才注销。同年秋,上海又爆发小刀会起义,一年多后,小刀会起义被镇压后,上海城市遭严重损毁,而咸丰十年(1860年),南京的太平天国为了摆脱清军对南京围困的压力,派忠王李秀成突围东进,骁勇善战的李秀成率东进军一路东下,仅数月就攻克镇江、常州、无锡、苏州、昆山、松江、宁波、杭州等苏南浙北的大部分城邑,并逼近上海,估计有二十万的苏南浙北难民进入上海,约有十余万进入上海租界,数万人居住上海老城厢,给上海城市管理、社会治安、慈善救济带来极大的困难,《上海县志》讲,同仁辅元堂,"咸丰三年,金陵之乱,难民南下,劝捐留养共费六万余缗。嗣于十年四月间,苏、常失守被难,男妇转徙来沪者不下二万余名,复劝捐留养。"以后,同仁辅元堂除了经营一段的慈善救济,"又加代给尸场验费,及收买淫书、挑除垃圾、稽查渡桥之事",实际上就是代理地方政府的市政管理。

　　古代,苏州河上没有桥梁,过江全凭木船摆渡,沿江设有多处渡口,设在苏州河的第一个渡口就叫"外摆渡"或"头摆渡",1854年,有一个叫威尔斯(Wills)的英国人组建了一个苏州河桥梁建筑公司(Soockow Creek Bridge Co.)在外摆渡建了一木桥,就是今天外白渡桥的前身，人与车辆过桥一律收费，桥梁比摆渡方便、安全、迅捷得多，使船户损失惨重，也使冲突激烈，后来就由同仁辅元堂出面调停，并把船户分散安置到各个摆渡口，才平息了冲突。

果育堂、普育堂和新普育堂

旧中国的启蒙教育通常由宗族的私塾、同乡的会馆、同业的公所办的子弟学校，以及私人办的私塾来承担的，私塾的收费较高，就把许多贫困家庭子女排挤于外，这始终是困扰地方政府的大问题。据《同治上海县志》中记载，清咸丰年间(1851—1861年)，上海人江驾鹏、费培镇、顾锡麒、姚曦、萧绍等集资在肇嘉浜庄家桥南(今庄家街)办了一所义塾，《周易》中有"山下出泉，蒙。君子以果行育德"之句，大意为：山下涌流的泉水，白花花一片，懵懵懂懂，有先知的君子，用果断的行动，开展启蒙，培养人的高尚品德。于是以这所义校为核心，建立了一个善堂，取名"果育堂"。

1855年初，清兵借助租界的军事力量镇压了小刀会，战争结束后的上海老城厢满目疮痍，惨死马路的尸体亟须埋葬，家破人亡的孤寡老人急需救济，果育堂立即拓展自己的慈善项目。真如近代著名思想家、教育家冯桂芬在《果育堂记碑》中所讲："上海果育堂，其始为义塾也，傲民居为之，继乃扩为堂，施衣、施棺、施米诸善事惟办。"同时，果育堂又添置水龙，建立公益的救火机构，还成立"达生局"，是上海最早的妇产科诊所。近代以后，上海逐渐发展为通商巨埠，进出上海的船只越来越多，水上灾难层出不穷，于是果育堂又与同仁辅元堂联手，组织成立"水上救生局",帮助政府处理水上灾难,它实际上也成了上海最早的处理水上灾难的机构。由于果育堂显赫成就,也得到上海政府的认可和支持,1858年,政府就拨出"袁公祠"的空地,果育堂就迁往那里,二十几年前,上海还有一条叫"果育堂路"的小路,就是以果育堂得名的,后来这里建造"太阳都市花园"住宅区,果育堂路被注销了。

陈化成(1776—1842年),福建同安(厦门)人。字业章,号莲峰,谥忠愍。行伍出身,历任金门总兵、福建水师提督。1840年鸦片战争爆发后,调任江南提督,负责长江兵防。1842年6月,英军进犯吴淞口,陈化成身先士卒,英勇战死,道光皇帝给了他一个"忠愍"的谥号,"愍"是悲痛、忧伤、哀怜的意思,这也许是道光皇帝为陈化成的效忠表示悲痛和哀怜吧。《同治上海县志》:"陈公祠,在县西淘沙场旧申江书院址,祀江南提督,谥忠愍陈化成,道光壬寅御敌吴淞口死事。诏就死事地方建立专祠,邑中好义者捐建别祠。"陈化成的正祠在他战死的吴淞口,据悉,陈化成祠在大修,明年开放,上海的陈化成祠属于"别祠"。

应宝时(?—1891年),浙江永康人,字敏斋。道光二十四年(1844年)举人,太平天国占领南京期间他在江苏举办团练,1860年他配合洋枪队镇压太平天国,次年,在上海设立会防局。1864年任代理上海道,1865—1869年任上海道,是历史上任上海道时间较长的一位。他任上海道期间,正是清军、洋枪队镇压太平军的阶段,战争迫使无数的苏南浙北难民进入上海避难,其中有许多家破人亡的孤寡老人,无家可归的孤儿,对上海治安影响很大,于是,应宝时就在"陈公祠"建立普育堂,"分立七所,收养老男、老妇、男残废、女残废,及养病、抚教、贴婴。并设义塾及医药两局"。应宝时是上海道台,主管海关,其经费主要来自海关和松沪厘局,普育堂的规模仅次于同仁辅元堂。

普育堂是上海道署出资,委托民间承办的善堂,1911年上海光复,上海道署倒台,普育堂的经费来源中断,于是与果育堂合并后改称"新普育堂",并迁南门外原同仁辅元堂义冢地建造新堂,并于1913年竣工使用。新普育堂占地约3.3万平方米,按收容贫民一千五百人设计,耗资约十二万两,建有楼房十三幢,其东、西两侧即今普育东路和西路,南侧的路俗称"煤屑路",又俗称"新普育堂路"。1928年,南京国民政府工商部派员来上海,要求上海特别市政府和上海商界联合举办

政府借新普音堂举办国货展览

"中华国货展览会"，并于该年11月开幕，这是一次政治色彩极浓的提倡国货的展览，不可能在租界举办，而华界又没有合适的场地，遂决定借新普育堂场地和建筑举行，于是，由政府出资拓宽、重修原"煤屑路"，筑成后即命名为"国货路"。11月1日下午2时中华国货展览会正式开幕，蒋介石主持升旗仪式，张群主席致开幕词，孔祥熙、胡汉民、谭延闿等军政要人出席开幕式，大会还动用飞机散发传单。新普育堂址长期归民政机构使用，今在旧址建上海民政博物馆。

清代，上海的善堂大多系民间慈善团体，经费大多来自团体、民间捐款，部分来自政府拨款。1911年上海光复后，由于政权变更，善堂的经费无法保证，遂由上海地方政府将主要善堂合为"上海慈善团"，由该团分配资金，各堂继续开展慈善活动，于是使民间善堂改变了性质，大多经营、管理不善而先后关闭。新普育堂的堂主是著名的天主教人士陆伯鸿，政府无法插手，才使它一直规范经营到1949年后。

上海最古老的天主堂

叶梦珠，字滨江，号梅亭，上海人。其著《阅世编》卷四中说："予生于明季，旋遭鼎革"，所谓"鼎革"就是改朝换代，这里的"鼎革"当然是清兵入关，大明王朝倒台，当然，叶梦珠就是明末清初人。所谓"阅世"，就是记录作者所见所闻之事。《阅世编·卷十·居第二》：

世春堂，在北城安仁里，潘方伯允庵所建也。方伯为尚书恭定公仲子，学宪衡斋之弟，亦叶簪缨，一时贵盛，故建第规模，甲于海上。面昭雕墙，宏开峻宇，重轩复道，几于朱邸。后楼悉以楠木为之，楼上皆施砖砌，登楼与平地无异，涂金染采，丹垩雕刻，极工作之巧。盖当时物力既易，工费不惜，势使然也。启、祯之间，潘氏始衰，售于范比部香令。崇祯十一年甲戌夏，遭苍头之变，母子被弑，嗣君不能守，后楼先毁。旋为西洋教长潘用宾国光居之，改其堂曰"敬一"。重加修葺，与旧日无异矣。鼎革之际，宦家邸第，大半残毁于兵，独西洋一脉，有汤味道若望主持于内，专征文武，往往反为之护持，旅馆不惟无恙，而规制视昔有加，亦斯第之幸也。康熙五年丙午，罢汤钦天监务，遂严禁西洋之教，凡西洋人在中国者，并敕归其国，器用食物有仿西洋法者，罪在制造之家，此第遂入于官。迨九年庚戌，复用西洋南怀仁治历，西洋人又入，今此第仍属西洋教长所居矣。

这是最原始、最详尽的关于上海名宅"世春堂"的记录，未见被后人引用。寥寥几笔，就把"世春堂"的历史交代得清清楚楚。今上海豫园花园东墙外的小路即"安仁街"，它是以历史地名"安仁里"而得名的，原来的豫园大门就开在安仁街，与潘允端的私宅对峙。到了明末的天启、崇祯(崇祯是大明王朝的最后一朝)年间，潘氏家族衰落，祖产已保不住了，"世春堂"就卖给了"范比部香令"。"比部"在明清多指刑部的官吏，上海的县志中未收录"范香令"此人，倒是《阅世编·卷五·门祚二》中记："范香令文若，生而英敏，九岁能文，年十七而举于乡，成万历己未(1619年)进士。两仕剧邑，著绩，迁部曹。以家隶发难，被刺而卒。子五人，四有文名。鼎革以后，世业竟无余矣。"这位范香令也是上海人，十七岁就考取举人，万历四十七年进士，曾两次出任大县的知县，后调刑部，就是他买下了潘氏的"世春堂"。不过，可能范家为人不仁，明崇祯十一年(1638年)家奴造反，把范香令及他的母亲杀了(这也许是范香令未被县志收入的原因)，而他的子嗣也无能力守住家产，"世春堂"就被天主教传教士潘国光(字用宾，意大利传教士)收买，大修后改作天主教堂——敬一堂。在现代的著录中，大多认为是徐光启的孙女从潘氏手中买下"世春堂"捐献给教会的,未详出典何处。

清兵入关后,上海的豪宅大多被毁,而"世春堂"是西洋教会产业,而当时清廷委任天主教耶稣会传教士、德国人汤若望为钦天监监正,使上海的"世春堂"不但未遭兵燹,"而规制视昔有加"。钦天监是古代中央政府设立的掌管观察天文、编修历法的官署,相当于今日的中央天文台、气象局,从明朝后期起就聘用西方传教士担任监正。中国是古代天文学很发达的国家,但到了16世纪后,西洋的天文学已明显比中国先进、发展。古代,常用计算、预测日食、月食的发生时间及过程来检验天文历法的水平,据记载,自西洋传教士任职钦天监后,传教士预测的日食、月食的发生时间和过程明显比中国官吏准确,于是由妒忌而生恨,中国官吏反对、排斥西方传教士的活动不断发生,并发展为排斥、反对天主教的斗争。康熙五年(1666年),汤若望反对清政府收复澳门(澳门是中国天主教的大本营),被钦天监监正杨光先"上书攻之",于是清廷除了将汤若望逐出北京外,还下令将所有的西洋传教士逐出中国。不过仅几年后,即康熙九年(1670年)清廷又聘用汤若望的助手、比利时籍传教士南怀仁管理钦天监,这个禁令才被解除,上海的"敬一堂"又由潘国光收回。

叶梦珠寿约六十几岁,于清康熙中期逝世,在叶梦珠逝世后的康熙中后期,中国士大夫与西洋传教士之间的冲突更加严重,这次的冲突集中于关于中国的"祀祖祭孔"的礼仪。"万恶淫为首,百善孝为先","孝"是中国传统思想中的核心内容,孝的内容很多,其中包括对祖先的祭祀,而西洋传教士则认为祭祀是一种"迷信",应该废除。孔夫子是中国伟大的教育家、思想家，自从汉朝"罢黜百家，独尊儒术"后，孔夫子的地位不断上升，代表儒家的"四书五经"，不仅是读书人必读的书，也是科举考试的主要教材和内容，至迟到元初，中国还规定于每年仲春、仲秋的第一个"丁"日隆重祭祀孔子，称之"丁祭"，而西洋传教士积极宣扬耶稣才是拯救世界的圣人，反对或阻止教友、信徒祭孔。终于在清雍正二年和十年（1724年和1732年），清廷宣布天主教为"劝人为恶"的非法宗教，将全部西洋传教士逐出中国，取缔天主教，全国的天主教产业一律充公。在中国称之"禁教"，而对教会来讲，就称之"教难"。当然，包括"敬一堂"在内的上海天主教教产全部被充公了，上海的天主教活动被迫转入地下，在远离市区的郊区活动。

进入近代以后，局面又发生了很大的变化。

在1842年签订的中英《南京条约》中已规定："自今以后大皇帝恩准英国人民带同所属家眷寄居大清沿海之广州、福州、厦门、宁波、上海等五处港口，贸易通商无碍，且大英君主派设领事管事等官住该五处城邑。"1844年7月13日签订的中美《望厦条约》又规定："合众国人在五港口贸易，或久居，或暂住，均准其租赁民房，或租地自行建楼，并设立医馆、礼拜堂及殡葬之处。"实际上承认了基督教在中国开放口岸建立教堂和传教的权利。

1844年10月24日中法也签订《黄埔条约》，其中规定："法兰西人亦一体可以建造礼拜堂、医人院、周急院、学房、坟地各项……"，事实上也承认了天主教在中国的合法权。但是，由于清廷在签订中法《黄埔条约》时，并没有明令取消雍正时取缔天主教的禁令，所以，各地均发生了不少阻止或打击天主教开展活动的事件。在此情势下，法国政府和教会也被迫承认："这些都是借宗教名义的坏人们干的坏事，与西洋各国信奉的宗教无关。"一直到1845年8月，法国公使剌萼尼在澳门拜访中国全权大臣耆英时，详细报告了法国教会在华活动情况，并希望耆英对全国的反天主教活动加以阻止，耆英就此事上奏皇帝，讲："至于外国传教士"只准其在通商口岸建堂礼拜，不得擅入内地传教，倘若违背条约，越界妄行，地方官一经拿获即解送各国领事馆"，皇帝在奏折上御批"依拟，钦此"。于是，耆英的奏折就成了"上谕"，实际上解除了雍正的禁天主教令。

对天主教的禁令正式解除后，法国公使和天主教最早想到的问题就是争取收回在雍正年间(1723—1735年)被中国政府籍没的教产。法国人史式徽著《江南传教史》中收录了1845年12月和1846年5月法国公使剌萼尼和传教士南格禄的两封信的部分内容，讲：

剌萼尼公使是很老练的，他去拜访上海道台时说："我去拜访两广总督(指耆英)时，他给了我一件宝贵的礼品，给中国人民颁布了拜真天主的自由。我这次荣幸地来拜访阁下，希望阁下也能送给我一件贵重的礼品。"接着，公使就提出了归还旧教产的要求。

道台一听到这个要求，便不加考虑地连连宣称，这完全越出了他的权力范围，他无权处理；还说，如果上海民众见到一百多年来已由皇帝敕令充公的产业复归于洋人，他们定将反对。

《图画日报》绘"上海城里老天主堂"

法国人第一次提出索还被充公的教产请求被上海道拒绝了。但是，法国人并没放弃索还教产的计划。1846年初，剌萼尼公使再次到了广州，拜访了两广总督耆英，希望耆英慎重考虑是否会因教产问题而导致中法关系的紧张化。在法国人的威逼引诱下，耆英只得同意将此事上报皇上。1846年3月18日，耆英在广州宣布了2月20日上谕："天主教教人为善与别项邪教迥然不同，业已准免查禁。为此皇上钦定，所有康熙年间各省旧建之天主堂，除改为庙宇民居者毋庸查办外,其原旧房屋如勘明确实,准其归还该处奉教之人","其设立供奉处所会同礼拜供十字架图像,诵经讲说,毋庸查禁"。

凭着这道上谕,法国人就直接向上海道索还教产。上海在雍正年间(1723—1735年)被充公的教产有三处:一处即老天主堂,但其及邻近的空地已被建为关帝庙;另一处是老天主堂边上的原传教士住宅及花园,住宅部分已改为敬业书院;还有一处即位于南门外的天主教墓地及圣墓堂。根据上谕,已"改为庙宇民居者"是不属归还之列的。但法国人认为,关帝庙及敬业书院旁还有不少空地,应该归还教会,于是上海道只得再次请示江苏巡抚。江苏巡抚作出了让步,批文讲:"旧传教士的墓地毫无困难地即可归还给教徒,至于附属于关帝庙的那座房屋,由于许多重大原因不能发还,但可以另拨一方合适的土地作为补偿"。经过几轮谈判后,上海道同意另拨三块位于城外的土地作为补偿,天主教则放弃对老天主堂以及城内其他教产的索还请求。

1937年"八一三"淞沪抗战中被炸的董家渡天主堂

赔偿给天主教的三块土地中,第一块和第二块均在北城墙外,其中一块后来被建为圣若瑟天主堂;第三块在东城墙外,后来被建为圣沙勿略天主堂,即董家渡天主堂。

1847年11月21日董家渡天主堂在赵方济主教主持下奠基动工,

由辅理修士马义谷承担设计和监造。旋不久马义谷因教务暂离，改由方济各会神父芒吉里监造，但这位神父根本不懂建筑，而施工的中国工匠也无法理解这座形状与中国建筑完全不同的教堂应该如何施工，所以教堂造了一半就倒塌了。教会只得请监造徐家汇教堂的罗礼思神父来负责监造。由于天主教刚恢复合法地位，教会资金严重不足，虽然教会向法国皇帝争取拨款，但当时法国也处于"二月革命"和"六月革命"时期，无法向海外教会提供经费，所以董家渡天主堂工程多次被迫停业施工，最后，终于放弃了原设计样式，取消了上层一排玻璃窗和中央的大圆顶，高度仅为原设计高度的三分之二，而宽度并没改变。和正规的教堂建筑相比，它显得扁平而又臃肿，谈不上西洋建筑的规矩之作，但其毕竟是上海老城厢出现的第一座西洋天主教堂，也是保存较好的近代西洋建筑。它已被列为上海市优秀历史建筑。据卜舫济著《上海简史》中讲："教堂内有一座法国神父手制的风琴，以竹为管，状极殊奇，全世界迨无其匹，至今前往参观者，堂中人犹特为之示，目为奇物。"可惜，这座风琴今已不知去向了。

圣若瑟天主堂位于今四川南路36号，因坐落在原洋

洋泾浜天主堂

泾浜(今延安东路)南岸，故也被叫作"洋泾浜天主堂"。有的著作中讲该堂供圣若瑟为"主保"，故名圣若瑟堂。其实，这仅讲对了一半。早在明代，天主教耶稣会已在澳门建立三巴大教堂，该堂是主教堂，下设"圣若瑟神学院"，这里毕业的学生就被派遣到中国以及东南亚传教。洋泾浜教堂是耶稣会机构，该堂神父主要来自圣若瑟神学院，才被叫作圣若瑟堂。

在1849年法租界开辟之前，上海北城墙与洋泾浜之间十分荒凉，周围除了少量民宅外，大多是坟地。所以，当天主教获得这块土地后，仅建造了一个简易的教堂和传教士住宅。法租界建立后，这里的人口才逐渐增加，但信徒们宁可走上几里路到董家渡教堂做礼拜，也不愿呆在这个简陋的洋泾浜教堂。但是，当1853年的小刀会起义后，从法租界到董家渡的道路已被切断，人们只得到洋泾浜教堂做礼拜了。于是，该堂做礼拜的信徒增加了，原来简陋的教堂已不能容纳信徒，便决定拆除重建。该教堂于1860年4月15日奠基动工，第一期工程于1861年6月29日竣工。它也是现今上海保存较好的近代西洋建筑，被列为上海市优秀历史建筑。

《同治上海县志》卷三十一中有这样一段记录：

> 圣母堂西士坟，前明特建。国朝康熙间（笔者注：应是"雍正间"），西士潘国光葬此。基约八亩，旧房数间，今已增建。徐光启奏疏，其孙尔觉等勒碑。案：光启为西士郭黎（即郭居静）建堂于居第之西，即此，盖东陆家浜有光启双园老宅也。

从这段记录中可以看出，明末，传教士郭居静陪徐光启回上海守制时，徐光启就在自己南门外老宅——双园之西建了一座圣母堂。清雍正年间(1723—1735年)，外国传教士潘国光被逐出上海，并客死广州，后来上海的天主教信徒就出资将潘国光的遗体运回上海，就下葬在这里。实际上在此之前，另一位中国籍牧师吴历已先潘国光葬在这里了。据王韬《瀛壖杂志》中记载，与王韬同时代的清代著名书画家徐渭仁(字文台，号紫珊)在陆家浜(今陆家浜路)荒地上偶然发现一块吴历墓碑。上面刻着：

公讳历，圣名西满，常熟人。康熙二十一年入耶稣会，二十七年登铎德，行教上海，疾卒圣玛第亚瞻礼日，寿八十七。康熙戊戌夏季，同会修士孟由义立碑。

由此可见，大概在清代初期，这座圣母堂附属的土地已作为天主教墓地，主要安葬客死上海的外国传教士和中国籍牧师。在雍正禁教时，圣墓及教堂产业也被没收充公，因为这里是城外冢地，充公后的墓地没有被使用，一直荒芜着。所以，当1846年上谕归还教产时，办了移交手续后就归教会了，并一直作为传教士专用坟地。今天陆家浜路南有条叫"天柱山路"的小路，解放前叫作"天主堂街"，就是由圣墓旁的"圣墓堂"(圣母堂)而得名的。

按理，当1846年清政府同意以城外三块土地作为老天主堂的补偿后，老天主堂产业应该属于中国公产了，但是，1856—1858年发生的第二次鸦片战争中，清廷战败，并分别与各国签订和约，1858年中法《天津条约》中规定，中国必须将以前充公的教产无条件归还天主教会。而1860年太平军东进期间，清廷为了与租界建立联合防御，同意让出部分主权作为交换条件，这样，产权上归属中国政府的老天主堂又被上海道拱手送给了法国天主教。1861年2月19日，上海道将老天主堂产权归还给法国驻沪领事爱棠；次日，外国传教士年文思又正式任命中国籍神父余伯禄为该堂堂主。接着，中国人就把始终视为神圣的敬业书院和关帝迁出老天主堂，中国人的自尊心受到极大的损伤。一位法国人是这样描述当时情景的：

道台经过再三考虑，乃决定归还老天主堂教产。战神（外国人弄不清关帝是何神，见其手持大刀而误为战神）塑像决定搬运到西门附近的另一所庙里，搬运前人们谨慎小心地把红纸条封住塑像的双眼，说是为了掩住他的眼泪，也有人说这是象征他流的泪是血泪。

而与此相反，当法国天主教会选定1861年4月7日——耶稣复活瞻礼后的第一个主日举行隆重的老天主堂复堂仪式。"这一天早上九时，由大十字前导的迎宾大队，从圣堂出发到法国兵营所在地的豫园湖心亭茶室，迎接孟斗班将军及其随从军官"。一位记者描述得更为活龙活现：

> 我幸福地联想到大十字架的辉煌胜利，它从遭窘难，被迫隐藏在黑暗之中，而今日却能庄严地在满是外教人的城中心的大街上巡回游行。这些教外居民目睹我们庄重的教礼教仪，十分惊讶，满怀着崇敬。

年文思主教在仪式上向法国军官致谢："老堂的归还，说明了教外人的战神已被教友的保护神战败，迫使他不得不归还这不义之财"。——确实，这是近代中国之悲剧，中国的"战神"确实无法抵挡外国的军队，但随着中国人民的觉醒，中国人民必将会击溃任何入侵的敌人。

"敬一堂"是上海最老的天主堂，俗称"老天主堂"，今址为梧桐路137号。1938年，教会在这里创办上智小学，1953年改为梧桐路小学，据清《光绪上海县续志》中记载，当年传教士们在天主堂的空地上种植了多株梧桐（悬铃木，即今人所谓的"法国梧桐"），在盛夏季节，高大的梧桐树枝叶遮盖了整条街，于是，天主堂前的路就被叫作"梧桐街"，即今梧桐路。众所周知，中国传统民居大多为砖木结构，而砖木结构建筑的使用年限有限，如遇兵燹、火灾，瞬间即可烧毁，所以，上海真正保存的清代建筑寥寥无几，屈指可数，而有据可查的明代民宅，大概仅"世春堂"一处，而且昔日的画栋雕梁基本完好，属于上海的"国宝"，何不将它升为上海市文物保护单位，或更高一级的文物保护单位呢?!

老城厢的基督教教会学校

现在坐落在方斜路上的上海市第九中学原来是一所女子中学——上海市第九女子中学,而它的前身又叫裨文女中。该校建于1850年,是上海出现的第一所教会女校。

在介绍裨文女校之前,必须先简单地介绍该校创办人裨治文(Eligah Coleman Bridgman,1801—1861年)和裨治文夫人(Eligah Gillette)。

裨治文(1801—1861年)出生在美国马萨诸塞州贝尔彻城的一个基督教家庭。1826年从阿默斯特大学毕业后,又到安多弗神学院深造了三年,成为一名传教士。1829年他受美国基督教公理会差会之派遣启程来中国,第二年2月22日,经过四个月的海上航行,裨治文到达澳门,三天后又到了广州。他不仅是美国派遣来华的最早的基督教传教士,也是最早的抵达中国的美国基督教传教士。

当时,中国只允许外国人在广州一口开展对华贸易,裨治文在美国商人的帮助下在广州居住,并学习中文。当时,已先他到达广州的英国基督教传教士马礼逊在外国商人的资助下，积极筹备出版 The Chinese Repository(《中国丛报》)，裨治文就被聘为编辑。1832年5月《中国丛报》在广州出版，它是中国出版的最早的报纸。

1834年，第一个来华的基督教传教士马礼逊逝世；第二年，在广州的传教士为纪念马礼逊而设立了"马礼逊教育会"。这个教育会的宗旨是"在中国开办和资助学校，在这些学校里除教授中国少年读中文外，还要教他们读写英文，并通过这个媒介，把西方世界的各种知识，送到他们手中"。裨治文任教育会的秘书，他在马礼逊教育会上发表长篇讲话，认为："教育肯定可以在德育、社会、国民性方面，比在同一时期内任何陆海军力量，比最繁华的商业刺激，比任何其他一切手段的联合行动，产生更为巨大的变化。"从此，裨治文把主要精力集中在发展中国教育文化事业上。

1839年裨治文在澳门创办马礼逊学堂，中国近代著名思想家容闳和中国近代第一位名西医师黄宽等就是裨治文的学生。1845年裨治文与格兰德相遇，并在香港教堂举行了婚礼，有了这位美貌聪慧的贤内助的帮助，使裨治文在事业上有了更大的创新。1847年，裨治文奉美国基督教公理会差会之命来上海组织成立"圣经委员会"，并于6月3日抵达上海。1850年，在裨治文的帮助下，裨治文夫人格兰德就在西门外肇嘉浜畔购地创办了一所教会女校，因为"裨"字有使受益的含义，于是，格兰德夫人即以丈夫华名裨治文的省略，将学校取名"裨文女塾"。这所女校成了上海出现的第一所女子学校，也是中国出现的第二所女子学校。

格兰德夫人对创办教会女校的意义有独到的见解,她认为:与男子相比较,中国妇女的地位是很低下的,她们不能同男子一样接受教育。中国甚至鼓吹"女子无才便是德"的谬论,而身为人母的女子又是对子女影响最大的人,因此只有先改变妇女,提高妇女的文化修养,再通过她们去影响子女,将是改变中国的一条捷径。今天看来,格兰德夫人创办女校的思想还是有可取之处的。

裨文女塾初创时只设启蒙课,还针对中国的特殊情况,增设家政、刺绣等课程,于是,裨文女塾创办后不但没有遇到中国封建士大夫的反对,还有不少富裕人家也将女孩送入该校读书。大概到1860年后,该校增开了初中,总计分:初等小学、高等小学、初级中学三级,成为老城厢著名的教会女校。

裨治文夫人是美国基督教圣公会成员,所以当1861年其丈夫裨治文逝世后,她有心将该校转归圣公会接办,但是遭到公理会的反对,从此,该校在组织上发生了分歧。1881年6月,裨文女校的部分师生与虹口的美国基督教圣公会的文纪女校合并,改称"圣玛利亚女中",并迁白利南路(长宁路)新校址(曾是上海纺织专科学校。1999年8月并入中国纺织大学改名的东华大学。如今此处已形成中山公园商圈)。1953年,圣玛利亚女中和中西女中合并为上海市第三女中,所以,今天的市三女中校史也可追溯到裨文女中。之后,裨文女校又归属监理会系统的美国女公会接办,宋庆龄的母亲倪桂珍就是该校毕业生,她和宋耀如(宋庆龄父亲)也是在这里相识的。

1931年裨文女校向上海市教育局注册,还在武定路开设"北校"。

1937年"八一三"淞沪战争中,该校虽位于战区,但没遭日军轰击。为考虑学生安全,一度迁"北校"上课,战后仍迁回原校址。1951年取消教会学校,该校改名沪南女子中学;1953年又改名上海市第九女子中学;1966年取消女中,又改称上海市第九中学了。

今天的市南中学和市八中学原名分别为清心男校和清心女校,它们也是上海创办的两所最早的美国基督教教会学校。它们是由美国基督教北长老会牧师范约翰(John Marshall Willonghily Farnham)夫妇创办的。

美国基督教北长老会是进入上海稍迟的基督教差会。1842年,一位出身于美国参议员家庭的北长老会传教士——娄理华只身来到澳门,并在澳门创办了一家以印刷《圣经》为主的"花华圣经书房"。当时,中英《南京条约》刚签订,娄理华就计划在两年的时间里考察刚开放的上海、宁波、福州、厦门、广州等五个口岸,并择一地作为发展北长老会事业的基地。1844年他考察过广州、厦门、福州、宁波后,认为宁波有较大的发展余地,就将花华圣经书房从澳门迁到了宁波。1847年他又来到了上海,认识到上海比宁波更有发展潜力,尤其是上海的租界是发展基督教事业最理想的地方。他讲:"凡是外国人聚居的地方最终会成为同中国本土很不一样的租界,而且,每一件事都表明,若要对改变中的中国能有一个影响它的总部,这里正是理想之地。"于是,他计划将设在宁波的花华圣经书房迁到上海。可惜,当他从上海赶往乍浦,再从乍浦乘船去宁波途中遭到海盗抢劫,并被抛尸大海,他的计划也由此被耽搁下来了。

娄理华的弟弟娄理仁听到哥哥噩耗后,旋即携妻来到中国。在宁波处理了哥哥的产业后,也到了上海,他购进了沪南陆家浜北的一块空地,在这里建造了一座小教堂——清心堂,并在沪南一带布道传教。北长老会的工作刚有所成绩,不料1860年娄理仁在上海逝世。三个月后,他的妻子也返回美国。北长老会的工作一度停顿了。于是,这一年春,长住宁波的北长老会牧师范约翰夫妇奉命来到上海,宁波的花华圣经书房也迁到上海英租界北京路清远里(今北京东路288弄),并改称美华书馆,正式对外营业(美华书馆在19世纪末迁虹口北四川路横浜桥,对上海商务书局的诞生和发展起过很大的作用,因该书局址不在老城厢,今略)。

范约翰夫妇到上海时,正是上海最混乱的时候。当时以忠王李秀成为首的太平军东进军先后攻克了镇江、常州、无锡、苏州、宁波等苏南浙北的大部分地区,并继续挥戈东进上海,大量的江苏、浙江难民进入上海。这些难民大多留宿街头,以偷盗抢劫为生。还有,不少孤老和孤儿,他们亟须得到社会的帮助。于是,范约翰帮助上海道应宝时在上海建立孤儿院和养老院,收容孤儿和孤老,同时动员教会,增加慈善拨款。就在这一年秋天,范约翰收容了若干难民儿童,在娄理仁旧宅及他创立的清心堂兴办了清心私塾;第二年,范约翰夫人范玛利也收容若干女童创办了清心女私塾(初创时名范玛利女校)。范约翰夫妇分别任男校和女校校长。

北长老会牧师范约翰夫妇在协助上海地方政府处理难民潮中做出了最大的努力。同时,清心男、女学校也是为收容孤儿而创办的学校，所以这两所学校初创时曾得到应宝时道台的拨款。当然，这两所学校的早期学生大多是难民，初创时仅是一个扫盲班加收容所。以后，随着上海局势的平稳，该校的建设也逐渐走上正规化。

清心书院创办后，范约翰任校长22年，1890年范约翰要到闸北创办北长老会闸北堂，1891年他又忙于创办《中西教会报》，才辞去校长之职。以后，由美籍传教士薛思培继任。1910年清心中学为动员校友捐款扩建学校，成立了"联旧会"(即校友会)，并由联旧会选举产生学校董事会，清心校友郭秉文被推选为会长(1925年改由高凤池接任)。就在这一年该校依靠校友的资助扩建了校舍，并重建了教堂(该堂由鲍华甫先生捐款兴建，故称"思鲍堂"，但习惯上仍称清心堂)。1925年"五卅"惨案发生后，中国人反帝排外情绪高涨，1926年就由校联旧会决定，聘请中国人张石麟为校长，从此结束了清心中学由外籍人任校长的历史。

现上海市第八中学内景

1937年"八一三"淞沪战争爆发后,清心中学校址遭严重毁坏。学校先后借南京路惠中中学进修补习学校上课;1946年1月又迁回沪南的原校址上课;1953年改名市南中学。

和清心中学一样,清心女中校长也长期由范约翰夫人担任。清心女中初创后的一段相当长时期里,教育并无太大的成就。从1909年起该校改董事会制度,1918年得到校友和社会的支持,购进陆家浜南面土地26亩重建新校址,兴建了校舍。1926年张蓉珍任校长,后又添建了食堂,其规模和质量均超过了清心男中。

"八一三"淞沪战争爆发后,为保障学生安全,该校一度迁协进女校(址为今公安局静安分局)上课,后又购进静安寺路591弄5号(今南京西路第一小学)上课。太平洋战争爆发后,学校被日军强占,一直到1946年2月才迁回原校(小学部仍留在南京西路,解放后改称南京西路第一小学)。1953年改称上海市第八女中;1966年取消女中,改称市八中学。

民立上海中学到上海民立中学

今天属于本市黄浦区内的南洋中学的前身是开设在老城厢的王氏育材私塾。上海老城厢长期以来是上海县治所在地,是上海县的政治、经济、文化中心,上海的不少早期学校首先在老城厢内创建,以后由于种种原因而迁往他处。民立中学也是其中之一。

坐落在静安区威海路681号的民立中学也是上海知名度颇高的学校,"左联"五烈士之一殷夫(1909—1931年)就是该校学生。静安区修志工作者也将他作为静安区属学校中出的一位伟人而收入志中。实际上,民立中学是1937年才从老城厢迁入租界的,殷夫牺牲于1931年,显然,殷夫应该是就读于原南市区的民立中学才对。

民立中学是由上海的苏氏家族创办的。苏姓是闽中的大姓之一。约在乾隆中期,有一个叫苏能的福建永定县商人往来于上海和福建之间经商。若干年后,这位苏能也赚了不少钱,为了后继有人,他的一个年仅十四岁的儿子苏升(字辛庆,号子明)也随父亲往来于福建上海之间,后来苏升就在老城厢的安仁里(今安仁街)定居下来。他的后代也成了"上海人"。

早在嘉庆年间(1796—1820年),旅沪的福建上杭地区商人在董家渡一带建房建立了一个叫作"同庆堂"的同乡人团体,还在南门外买了一块空地建了义冢,用于客死上海又无法回乡安葬的同乡人。而当时来上海经商的永定人并不多,独立建立同乡会馆有一定的困难,约道光中期就由苏升出面与"同庆堂"的张镜清协商,让永定人加盟"同庆堂",因为上杭旧属建宁府,永定旧属汀州府,两府是福建西部相邻的府,于是两府商人就将新建的同乡团体取名"建汀会馆",原"同庆堂"也改名为"集义堂",取两府联义之意。苏升本人向建汀会馆捐赠了一大笔款项,以后又通过其他会员的集资,于道光十九年(1839年)在南门外原义冢的空地上建造了建汀会馆。因为上杭和永定商人也是从海上进入上海,并经营海上贸易,所以这个会馆中建了一个供航海女神——天后的宫殿,人们也把建汀会馆叫作"天后宫"。

1860年太平军东进攻打上海期间,位于南门外的建汀会馆也成为战争必争之地,李鸿章曾下榻这里指挥镇压太平军,太平军也力图攻占会馆作为指挥部,所以会馆建筑破坏严重。战后,会馆又筹款重建,为表彰建汀会馆对清军作出的支持和帮助,李鸿章还特赠手书的"筹笔地灵"匾额,这里一度也成为上海人郊游的景点。

苏升是建汀会馆中最富裕的商人,也是建汀会馆的领袖人物。苏升积极开展对苏州贸易,并在苏州建立建汀会馆,对提高建汀两府人在上海的地位作出了杰出贡献。所以,会馆还想为苏升建立"生祠",但被苏升谢绝了。

苏本炎,字筠尚,是苏升的长孙。苏升定居上海以后,发现上海是个对外开放的通商大埠,商业法则相对近代化,所以苏本炎从小就被祖父送入洋学堂攻读商业法,以后又就学于圣约翰大学法律专业,成为上海商业法的专家。他大量投资实业,并担任上海四个商会的会长和六个大公司的董事长。同时,苏本炎还是上海第一任总商会会长、上海拒美运动领袖曾铸的女婿,所以,苏本炎也成了清末民初上海工商巨子。

福建是中国南方濒海多山之地,经济发展迟缓,历史上的福建人或通过海上贸易争取成为腰缠万贯的富翁,要么刻苦攻读,通过科举走上仕途。所以,当上海这支苏氏在经济上和政治上取得成就以后,就希望自己的族人能取得更大成就。光绪末年,苏本炎的母亲仙逝,临终时再三吩咐,要他创办学校,让其宗族中的成员都能得到读书的权利。光绪三十年(1904年),苏本炎征得兄弟的同意,购进与其住宅相邻的安仁里民房,并投资五千元正式创办"民立上海中学堂"。由于苏本炎担任太多的社会工作,还必须及时处理商务上的事,于是,就由他刚从圣约翰大学毕业的弟弟苏本铫(颖杰)、苏本浩负责学校管理和教育,苏本铫任校长。

苏氏兄弟均是圣约翰大学的毕业生,苏本炎还是上海商界巨子,这就使民立上海中学从创办日始就注意学生的独立思考和适应社会能力,偏重外文、法律、应用商业文本方面的教育。因而,大多数学生毕业后就可以在上海的商事机构中谋得一份好的职业。1905年商约事务大臣来上海时视察了学校,对民立上海中学的教育方法给以高度评价，并"奏奉传旨嘉奖"，上海学政唐景崇也特赠"教术修明"的匾额。

正由于民立上海中学的毕业生能在上海商界谋取到一份好的职业，许多上海人希望将子女送入该校读书。但是，民立上海中学原是一所半义务性的宗族学校，不论是经费或场地均无法接纳更多的学生。两江总督获悉后，就同意每年从库中拨款二千四百两作为教育补贴，由公家对私立学校进行补贴，这在近代教育史上是不多见的。

民立上海中学成为上海清末最著名的中学，要求入校的学生越来越多，而原有校址已无法再增加学生了。于是由上海道瑞澂、知县李超琼调拨已荒废的南门外山川坛东面空余土地约七亩多作为新校舍基地，而建汀会馆在与山川坛贴邻的地方也有一块近二十余亩的空地。鉴于民立上海中学从创办时就是以吸收建宁、汀州人子女为主的半义务性学校，会馆就决定将这块土地无偿提供给学校使用了。

山川坛也叫神祇坛，是地方祭祀山川、水神的地方，与社稷坛、先农坛，厉坛合称"四神坛"。大概从明朝开始，中国县以上的城邑大多建有此四坛，到了清朝末年，地方的祭祀已不如以前那么规矩、隆重，神的地位的下降，许多地方的神坛就被挪为他用，《光绪上海县续志》中也记载："光绪三十三年(1907年)，邑人苏本铫设民立中学校舍于坛东余地。"

民立上海中学新校址占地三十余亩，1907年该校全部迁新校址上课。当时上海城墙还在，学校位于大南门外的东侧，学生出大南门后要走到今江阴街才能进入学校，要弯一些路，于是学校就在附近的护城河上搭建了一座木桥，学生沿护城河边上的小路，经过小桥就可以进学校了。这条小路就是今天的民立街。

民立上海中学的名称太长，于是人们常把它省读作民立中学或上海中学，它是清末民初上海知名度很高的学校。1927年江苏省教育局把原江苏省立第二师范学校（前身即龙门书院）改组为江苏省立上海中学，简称"上海中学"（即今上海中学的前身）。为了避免校名重复，民立上海中学就正式改名为"民立中学"了。

已故的"补白大王"和"掌故专家"郑逸梅先生曾在民立中学执教，他写过一篇题为《设有站头的民立中学》的文章，从一个侧面反映了当时民立中学情况，抄录如下：

旧时上海环城电车，在大南门外，设有民立中学站，可见民立中学是具有悠久历史，拥有数千学生，多少带些市容性。

该校创办于清末，创办者为闽人苏筠尚，他流寓上海，列于缙绅之中，筠尚有弟颖杰，毕业圣约翰大学，便由颖杰担任校长。初设于小西门沿城脚，筑数间平房，所费不多，并搭一小木桥，架在城河上，出入也就不成问题了。苏氏认真办学，成绩蜚然，学生越来越多，平屋渐渐容纳不下了。这时辛亥革命，一切具有革命气象，把城墙拆了，填平城河，筑为通衢，当然校址被冲掉了，苏氏便购大南门外的空地，建新校舍，即为后来数千学生弦诵之所。

该校的外语课，有英、法文，都须兼习，英文由英国人教，法文由法国人教。国文教师中有一位孙经笙，江苏吴江人，任郑家的西席，柳亚子的夫人郑佩宜，就是他的女弟子，后苏氏延请他来上海,任国文首席教师,当时陆澹安和周瘦鹃,便是他的得意学生。每星期作文一次,每月举行班会期作文,前三名的文卷揭布示范,澹安、瘦鹃所作,必名列前茅。春秋两季,举行运动会,临时出运动报,那是油印的,也由陆、周担任编辑。又有民立月报,陆、周更连篇累牍地写稿。逢到孔诞及校庆,举行文娱活动,澹安编了《循环的离婚》,情节曲折,演出时博得全座的彩声,其他如郑正秋、汪优游也是民立学生,后来都成了著名的戏剧家,或许启发植基于此。

教师阵容很壮大,如词曲泰斗吴梅,南社前辈庄翔声,山水画家姚叔平,徐悲鸿的外舅蒋梅笙,小说翻译家李常觉等,都是饱学之士,苏氏聘之来校,敬礼有加。他对学生,也蔼然可亲,甚至一顽皮学生,于布告栏"校长苏颖杰白"六字之下,偷偷地加上一"眼"字,成为"苏颖杰白眼",原来苏氏病目,有"苏白眼"的绰号,他见之,亦仅付诸一笑。

我与郑逸梅先生熟稔,他的这篇文章发表在一份叫《市容建设报》的行业报上,而我在该报辟有专栏,一次在报社举办的类似座谈会的碰头会上,我问郑先生,"你文章中讲的民立中学'初设在小西门沿城脚',是否是与苏氏妹妹创办的民立女校混为一谈了?"他笑着说:"年纪大了,人糊涂了,是弄错了。"

1937年"八一三"淞沪战争爆发后,民立中学遭日军炮火轰炸,校舍全被炸毁,学校一度迁地丰路(今乌鲁木齐北路)借民房上课。不久,又购进威海卫路414号为校址。1945年抗战胜利后,大批迁内地的上海人返回上海,要求进民立中学读书的人越来越多,而那幢由民宅改建的学校无法吸收更多的学生。为此,学校通过聘请社会名流担任校董,以帮助扩建校舍。于是,将学校改为董事会制。董事长为杜月笙,由黄金荣、吴开先、徐采丞、朱屏翰、周静涵、钱俊儒、陆京士、陶百川、钱新之、徐则骧、刘同嘉、赵允安、任矜萍、徐世钧等十四人组成校董事会,并聘徐世钧为校长。

学校董事会积极筹款争取早日重新修复南门外校舍,但是,当时市立敬业中学旧校址也在抗战中被日军炸毁,就由市政府和市教育局出面协调,就将南门外民立中学原校址划给敬业中学使用。

上海是开全国风气之先的大都市,清末,女子读书之风日盛,而上海又没有足够的女子中学接纳女学生。苏本炎有一个妹妹叫苏本岩,她在哥哥的帮助下,于1906年借西门外方斜路源寿里(今方斜路426弄)创办民立上海女子中学堂,简称"民立女子中学"。民国二年(1913年),在拆除上海城墙过程中,小西门拆除后,这里多出一块空地,即由上海县政府调拨给民立女中作为建造新校址的土地。因为该校已有政府参股,新校建成后就改称"上海女子中学校"。1927年后该校向上海特别市政府登记后,为避免与刚成立的江苏省立上海中学重名,又改称民立女子中学。1934年,经学校董事会提议,将学校的平房建筑拆除,重建为四层钢筋水泥建筑,从此,它也成为上海著名的女子中学之一。1937年抗日战争爆发以后,该校被日伪强占,学校先后借福熙路正行女子中学(今金陵西路86号)、霞飞路(淮海中路)1192号、辣斐德路(复兴中路)612号上课。一直到1945年抗战胜利后才迁回到文庙路原校址。

民立女子中学也实行董事会制度,董事长为吴开先,董事会成员有杜月笙、诸文绮、钱新之、吴蕴初、奚玉书、杨启泰等人,校长为童行白。解放后收缩女中,以后民立女中就停办了。20世纪80年代时,原建筑被拆除重建,就是今天文庙路中华路口的南市区少年宫。

威海路414号住宅约建于1907年,是德商谦信洋行(China Export Import & Bank Co., Ltd.)兴建的高级职员住宅,占地6 900平方米,其中建筑占地约1 200平方米,三层(局部四层)砖石混合结构,德国新古典主义风格。主立面朝南,以正中为轴线,两侧对称。底层的中部设计为内廊,二层为六个圆拱支撑的内廊,显得典雅、气派,三层退为阳台,中轴线三层的屋顶设计极具德国巴洛克艺术风格。两侧建筑略向外凸,设计为半个正六边形,均为四层,略似中世纪欧洲的城堡,整幢建筑墙面为暗红的机制砖,以白色石材为框架,色彩对比并不艳丽,显得庄重而不失豪华,建筑立面变化多端而不至混乱。

谦信大楼,现已被加建一层

第一次世界大战中,1917年中国对德国宣战,根据国际惯例,德国政府在华产业将被作为敌产没收,在华德侨也将被视为敌对国难民遣送出国,于是,谦信洋行就将资产转入第三国名下,威海路414号则转让给了该洋行中国买办,德昶润记颜料号(Tan Chang Sen & Co.)业主邱渭卿(Chu Wai Ching)、邱清泉(Chu Ching Sae)兄弟名下,抗日战争胜利前夕,有德国背景的邱氏兄弟见形势不妙,即将住宅出售而逃离上海,旋由民立中学租用,并长期为校址。2004年9月,民立中学迁威海路681号新校址,旧校址划入"大中里"改造工程,并将建筑整体向东南移动,规划用于会所,并已公布为上海市优秀历史建筑。

吴馨其人与务本女校

坐落在徐汇区永康路200号的上海市第二中学的前身是女子中学,即上海市第二女子中学,如再向前追溯,它还是中国人创办的第一所女子学校——务本女塾。创始人吴馨不仅是中国著名的教育家,还是一位为上海城市建设作出过重大贡献的人物。可惜,在现代研究上海历史的论著中,很少有人提及吴馨其人,本人就多花点笔墨介绍他。

《民国上海县志·卷十五·人物上》:

吴馨,字畹九,号怀疚。其先歙人,清初,以避兵迁上海,遂著籍焉。馨八岁而孤,母杨,本生母张,延师课读,赋禀特优。弱冠入邑庠,即弃举子业,究心有用之学。南洋公学设师范院,馨奋起就学,于教授、管理诸业端研究有得。三载卒业,因设务本女塾,为全国女学校创。就学者众,北至内、外蒙古(当时外蒙古属中国版图),南至南洋群岛,莫不有务本女生踪迹焉。光绪三十一年(1905年),城厢总工程局开办,被选为议董,于地方利弊兴革,知无不言，言无不尽。旋任西区区长，任事五载，独注意道路、警察、卫生诸要政，而于卢家湾河道、方斜路界线，及电车电线与外商竭力交涉，挽救地方利权尤多，诸凡筑路、浚河，计划远到。事详《上海市自治志》。宣统二年（1910年），被选为县视学，兼劝学所总董。任事一载，是岁又被选为城自治公所议长，任事二年，逮革命事起，被推为县民政长，后奉命改称"知事"。自任县职起，宣统三年秋末迄民国三年春初，其间时局震动，变幻万端，馨从容应付，一无所绌。解组后，任法租界公董局华董，磋商划界，主权所在，丝毫必争。五年（1916年），被选为教育会会长，按期召集各小学校校长、教员，研究教育，孜孜不倦；同时，举办公共体育场，首捐巨赀为倡，卒底于成。即任为管理指导员，兼童子军联合会会长，手订规程，他邑取则。七年春，任劝学所所长，推广全邑小学，定按亩带征学费办法，以补原有教育经费之不足。于西区辟马路，于九亩地辟商市，于城壕基辟电轨，于斜桥筑公共体育场，又测绘全境舆图，续修卅年志乘，成绩昭彰。清末以捐资助赈，历奖道衔，入民国，以维持地方秩序，奖五等文虎章，复以设立务本女塾捐归县立女子中学，特奖一等嘉祥章、三等嘉禾章，颁给"兴贤毓秀"匾额。其于全县学务、全县水利，具有擘划，计虑缜密。顾未及实施而卒，论者惜之。

吴馨，字晼九，号怀疚，又号怀久。原籍安徽歙县，大概在清兵入关时，他的祖先就随难民的队伍进入上海。二百多年过去了，吴馨已经算是上海人了，所以，许多书称他为"邑人"，就是上海城里人的意思。吴馨在八岁时父亲就去世了，艰苦的家庭环境培养了他坚韧不拔的性格，约十六岁时他就以优等的成绩考取了秀才。但是，困难的家境再难以提供他读书的条件，当南洋公学创办师范专科时，他就放弃参加科举的机会，报考了南洋公学的师范科。三年后，即光绪二十八年（1902年）吴馨以优异成绩毕业后，就购进"南市黄家阙路旧营地十三亩有奇"，创办了务本女塾，其课程设置就参照西方女子中学。

吴馨创办女校后，他也成为上海的名人。1905年上海成立南市城厢总工程局时，他被推选为董事会成员，主要负责上海的教育和卫生工作。宣统二年（1910年）他又被推选"上海县视学，兼劝学所总董"。第二年，他又当选为城自治公所的议长。1911年冬上海光复后，他又当选为上海县民政长。同年，全国一律改县的"知县"为"知事"，于是，他又成了上海的第一位"知事"。

大家知道，上海城墙拆除之前，从方浜到老西门的北城墙是法租界和华界的分界线，即北城墙护城河外就是法租界。当民国元年（1912年）上海计划拆除城墙，改筑马路时，就有许多问题与法租界相冲突，吴馨就成了与法租界谈判的首席代表，先后与法租界签订了关于拆城筑路后共

吴馨编辑《上海拆城案报告》

同使用马路、关于新筑马路主权和警权的一系列条约。《民国上海县志》对吴馨的才能和处理外交事务之态度作出高度评价,讲他"磋商划界,主权所在,丝毫必争"。同样,由于吴馨在外事问题上的爱国主义立场和高超谈判技巧也赢得外国人的敬佩和尊敬。

1916年吴馨当选上海教育会会长,而当时老城厢的大多数学校没有操场,或操场狭小,不能开展正规的体操课和举办运动会,吴馨首先捐赠巨款,并动员各界认捐,创办了上海公共体育场(即今沪南体育场),这也是中国人创办的第一个公共体育场。以后,他又先后担任童子军联合会会长、劝学所所长。鉴于吴馨为上海教育事业上作出的杰出贡献,他被北洋政府授予"五等文虎章"。民国以后,他又主动把自己创办的务本女中捐给政府,又被授予"一等嘉祥章"和"三等嘉禾章",南京政府还特颁"兴贤毓秀"匾。除主持上海的教育事业外,他还主持测绘《上海县全境图》,修《光绪上海县志》,领导上海的水利工程建设,可惜许多项目"未及实施而卒"。上海各界为吴馨举行了隆重的追悼会,并在公共体育场为他塑像立碑。遗憾的是,他的塑像和碑已不知何时失落了。

清末出版的《图画日报·上海之建筑·务本女塾》于该校的历史有稍详的叙述:

> 自庚子后,女学渐渐发达,上海女学堂亦日见增多。沪绅吴畹九,前在南洋公学师范班学习师范时,常孜孜以兴学为己任,兴学以女校为先务,特于光绪二十七年,决议创设务本女塾于小南

门内花园弄,兼设幼稚舍,以改良家庭习惯,增进普通知识,发达女子固有之能力,设师范本科、预科,及中学、小学两科。是时,过从就学者甚众。后三年,头班毕业,扩充学额,改租西门外生安里房屋为校舍,全校迁入,将幼稚舍分设于庆安里内。去年秋,自行建屋于邻近林荫路,今岁落成后,即于新校内行落成开校礼。其学科分修身、国文、算术、地理、历史、理科、体操、乐歌等,并师范本科教育,中学添家政、英文、手工、针黹,规模井然,诚上海有成效之女学也。

"小南门内花园弄"随着旧城改造湮没了,它的位置在今光启南路的东侧,乔家路与俞家弄之间,这里建造了"南花园公寓",即取原"花园路"地名。1909年吴馨自己的"务本"新校址实际上在今天的小西门外黄家阙路西侧,大吉路的南面,1937年"八一三"淞沪战争中,校舍被日军炮火炸毁,只得迁入租界,借民房上课。1912年中华民国建立时,吴馨就把务本女校捐给政府,校名改称"上海县立第一女子中学",1928年,又改称"上海特别市立务本女子中学",两年后又改称"上海市立务本女子中学",所谓"市立"就是"上海市出资和管理的",当汪伪政权建立后,为了避免被汪伪上海特别市政府接管,学校又一次更名为"私立怀久女子中学",这"怀久"即"怀疚",也就是创始人吴馨的号。1941年12月7日太平洋战争爆发,日军进驻租界,为避免被日伪染指,学校毅然宣布停办。1945年抗日战争胜利后,校长杨明晖奉上海市教育局令恢复建立务本女中,而务本女中在南市的校舍已被炸毁,难民已在原址搭建棚户,根本无法将校址收回重建,于是由教育局调拨原法租界永康路200号的原法国人学校址复校。1952年改称上海市第二女子中学,1968年取消女中,改称上海市第二中学,简称"市二中学"。

从日涉园到书隐楼

在《设在上海的分巡苏松太兵备道》一文中提到了一个叫"天灯弄"的地名，在天灯弄77号有一幢古宅叫"书隐楼"，占地1 515平方米，建筑面积1 939平方米，据称建于清乾隆年间(1736—1795年)，是上海地区，尤其是上海市中心区保存极少的清代早期民宅，1987年公布为上海市文物保护单位。"书隐楼"的产权几经变更，约20世纪30年代时被清代上海沙船商"郭万丰"号的后人购得，长期实际居住人为郭俊伦。他早年就读于上海交通大学土木工程专业，对古建筑饶有兴趣，据说，当年也是由他向上海市文管会提议，经市文管会组织专家核实后将"书隐楼"确定为清代早期民宅，并公布为文物保护单位。当时，市文管会希望和争取通过"置换"的方式，将"书隐楼"收归国有，有利于政府出资大修和保护。而当真的涉及"置换"商谈时，郭家突然冒出数十家对"书隐楼"有产权或继承权的"户头"，并坚决不肯让步，立即使商谈陷入僵局。我当时工作单位与文管会有关，于是也经常听到关于"书隐楼"商谈中发生的有趣故事和奇谈怪论。一方面，郭俊伦先生"三日两头"闹到文管会，希望政府出资对"书隐楼"全面修缮，而另一方面，至少按照当时的政策和有关法律，市文管会不可能出巨资对私产进行大修，无法对此立项申请专用经费。于是，郭氏又以种种方式联络媒体，不少不明实情的记者们又偏信郭氏一面之词，发表了许多"奇谈怪论"，反而使"书隐楼"的产权变更增加了重重困难，使事情的处理陷入僵局。

郭氏是20世纪30年代才入住"书隐楼"的，关于"书隐楼"的历史或故事均出自郭氏之口，20世纪七八十年代，几乎所有的文章或报道均以为上海"书隐楼"的原主人是清乾隆时任《四库全书》的副总纂沈初(总纂是纪昀)，如《南市文史资料选辑(三)》中称：

书隐楼原为清代乾隆年间沈初所造。沈初，浙江平湖人，乾隆癸未榜眼。他曾任《四库全书》副总裁，历任礼部、兵部、户部尚书，河南、福建、江苏学政及左都御史、军机大臣等职，是当时风云一时的人物。此宅作为沈初藏书兼居住之用。

众所周知，地方志是记录一地方历史的志书，地方的疆域地理、设置沿革、方言风俗、名人妇女、宅第花园、名墓义冢等无所不包，清乾隆以后相继编修者有《嘉庆上海县志》、《同治上海县志》、《光绪上海县续志》等多种，鉴于从康熙以后从外地进入上海的人数太多，在"人物"卷中特别设有"客寓"章节，专门收录上海的客籍名人；正因为地方志是记录一地方的志书，所以只要与上海挂得上号的名人名迹都尽可能收入志中。但是,在历年的上海地方志或其他著录中,根本就找不到沈初的记录,我想,上海人还不至于把这位官至兵部、礼部、户部尚书,还担任过《四库全书》副总纂的高官——沈初遗忘掉,而从另一个角度分析,即沈初是离上海县城百里之外的湖州人,他在上海根本就没有住宅,更没有所谓的"藏书楼"。

根据中国礼仪习惯,当华屋落成后,主人就会邀请亲朋好友出席华屋落成宴席,出席宴席者必须馈赠贺礼,其中文人骚客大多会赠送匾额楹联。我记得读过一则纪昀(晓岚)与和珅的故事,和珅在自己的花园里新建了一亭子,他希望得到纪昀为新亭子题书亭匾,纪昀也爽快答应了。过几天纪昀将题书的匾文送来了,匾名为"竹苞",原来《诗经·小雅·斯干》中有"如竹之苞","如松之茂"之句,大意是如同修竹那样兴旺,如松柏那样茂盛的意思,在中国历史上,"竹苞松茂"多用于比喻家族兴旺,后代绵延,并多用于祝贺华屋落成,如果你稍加留心,在中国的古民宅中经常可以看到"竹苞松茂"的题额。和珅接到纪昀的贺礼后十分高兴,立即差人将纪昀题额制匾,挂到新的亭子上。华屋落成宴庆的那天,大小官吏都来庆贺,但当人们看到纪昀题的"竹苞"匾后个个目瞪口呆,吓得不敢开口,和珅也感到纳闷,怎么来庆贺华屋落成的人见到"竹苞"匾竟都变成了呆子,倒是上海人陆锡熊道出了原由,原来,古代"個"的俗书写作"个"(今简化字使用了原来的俗体字)。"竹苞"拆开来就成了"个个草包",这是纪昀借此机会骂和珅的。花了这么多笔墨讲一个与本文没有关系的故事,只是想说明一个问题,民宅中除了主人的书房和卧室外,匾额一般都是请他人题写或由他人赠送的,笔者至今未见厅堂的大匾由主人自己题写的现象。由此可见,"书隐楼"大厅这方由沈初题的"书隐楼"匾,恰恰证明沈初不是"书隐楼"的主人,而是他祝贺主人华屋落成送的匾。

"书隐楼"原址是明刑部员外郎、江岳参议、大名府使、河南学政陈所蕴(字子有,号具茨山人)的私家花园——日涉园中的一部分。

清代上海通秦荣光《上海县竹枝词·古迹》中咏：

日涉园居沪海陈,景图卅六主人身。
传经陆氏添书屋,小隐淞南画赐臣。

作者原注：

陈所蕴宅,在县治东南梅家弄。日涉园与居第临街相望,中有竹素堂。后归陆明允,改门东向,在水仙宫后。明允裔孙秉笏,添建传经书屋,秉笏子锡熊以预重华宫侍宴,蒙赐。

明末清初上海人叶梦珠《阅世编·卷五·门祚二》中说：

陈同卿沪海,名所蕴。万历己丑(1589年)进士。历任南铨部郎,选中州学宪,晋南太仆少卿。性刚介,缙绅士大夫,咸严敬之,郡邑有不平事,则于当事前慷慨直陈,守令重之,受教唯恐后。或谢之,则叱使去,曰："我为公,非为私也。"遇荒年,必出家储米粟,

167

贫民咸颂之。惟自奉喜豪爽,名园甲第,用以娱老,年八十余岁而卒。一子庚蕃,相继殁,族人争继,家业遂散。

《墨余录·卷十·居第二》中还说:

> 陈同卿第,故太仆沪海先生所建。在县治东南,重门东向,朱楼环绕,外墙高照,内宇宏深,亦海上甲第也。同卿正道端方,人不敢干以私,而力持大体,于缙绅中声望既隆,尊严特甚,故私居俨若公廨。年八十余卒。子同叔,无嗣,族子皆争继,家业遂废。门第之宏敞,予犹及见之。鼎革以后,往来上台,尚借为公馆,其未甚残毁可知。顺治中,族人毁废殆尽,今城隍庙中石砌,即其堂前故物也。有别业"竹素",与居第临街相对,方广数亩,多山水亭台之胜。明末,同卿嗣子售于襟宇陆封翁,门向东街,一传再传,为陆氏世业矣。

陈所蕴的私宅分住宅和别业两部分,门隔街对峙,《阅世编》作者叶梦珠还见到过。他的别业称之"竹素堂",古汉语中"竹素"义同"竹帛",多指史册、书籍,当然,所谓的"竹素堂"就是主人的藏书楼,读书处。

在万历后期,大概是与潘允端大兴土木营筑豫园的同时,陈所蕴也购进了与他家贴邻的姓唐人家的约四十亩土地,也开始破土动工营建私家花园。花园由著名园林设计师张南阳设计和督造,历五年后完工,陈所蕴还特为张南阳撰写了《张山人卧石传》。

日涉园建成时绘的日涉园图，共三十六幅，现藏上海市历史博物馆

新建成的日涉园位于陈所蕴老宅的东面，所以，花园的大门向西，与老宅大门相对而开。陈所蕴在花园建成后曾作诗，云："会心在林泉，双屐足吾事；朝斯夕于斯，不知老将至。"他的朋友李绍文和诗云："为圃与为农，岂是公卿事；园林最近家，不妨日一至。"于是，陈所蕴将友人和诗中的"不妨日一至"而将花园取名"日至园"，后考虑到"日至"的读音不和谐，又将"至"改为"涉"而改名"日涉园"了。

陈所蕴经常在日涉园中招待朋友和地方士绅。陈所蕴自己将园内景点归纳为"三十六景"，并作《日涉园记略》。由于原文译读比较困难，笔者据其原文节译如下：

入门，榆柳夹道，假山山峰突出墙头，这就是"尔雅堂"，是主人读书之处。沿堂向东折而北，穿过"飞云桥"，就到了"竹素堂"。

南面临水，水中叠太湖石为山，主峰高数十尺，叫作"过云"。山峰上有二层楼阁，叫"来鹤阁"，相传有双鹤栖此而取名也。阁下是"浴凫池馆"，有"偃虹"长堤与阁相通。偃虹堤上有山岗，上面遍植梅花，于是取名"香雪岭"。岭下种桃树，取名"蒸霞"。向西有"明月亭"、"啼莺堂"、"春草轩"，这里都是小憩的好地方。由山岗向东折北有"白云洞"，穿过白云洞和浴凫池馆，再越过云峰，便到了"桃花洞"。再走过"漾月桥"，桥堍是"东皋亭"，亭北是"步屦廊"。出廊是"修禊亭"，亭中有摹《兰亭集序》真迹石刻。向东是一草堂，叫"知希堂"，周围有粗约二十围的古榆树，高耸入云；又有一棵古松，双枝直插云霄。堂后是"濯烟阁"，下层叫"问字间"，阁被层层假山包围，拾级而上而登濯烟阁，那么浦江帆樯，民间井邑历历在目。由阁道而出，到了"翠云屏"，屏南有"夜舒池"，屏北是"殿春轩"。穿过走廊有叫"小有洞天"的山洞与廊相接。出山

日涉园建成时绘的日涉园图，共三十六幅，现藏上海市历史博物馆

洞的庭前立有许多怪石，这种怪石来自广东英德，江南人也叫不出它的名称。再向东又是一座用巨块武康石堆成的大假山，取名"万笏"，"万笏山房"就在山中间。

从《日涉园记略》的这段描述文字中，我们大致上可以看出日涉园的总体设计布局和个别景点的特点，充分体现了江南园林力图仿效自然风光，表现大自然山水相连、山中有水、水中有山的景观。

陈氏邀请文人骚客到日涉园赏景作诗，对园内三十六景作画吟诗，汇集成册，即取名《日涉园三十六景图》就收藏在自己的"竹素堂"里。陈所蕴的寿命很长，八十余交逝世(古人的寿命较短，平均寿命不足六十岁，故有"人生七十古来稀"之说)，他只育一子，在陈所蕴逝世后他的儿子也相继去世，而他的儿子又没有子嗣，于是麻烦就大了，族内的人争取把自己的孩子过继给他们，实际上是争夺陈氏的财产，使陈氏家产分崩离析，很快就破败了。陈氏的日涉园在明末就卖给了陆家，原住宅在清初还在，被政府租用当作须在上海下榻的官吏的公馆，到了顺治(1644—1661年)中，宅第就毁废殆尽。

清《同治上海县志·卷二十八·第宅园林》中是这样讲的：

陈所蕴宅在县治东南梅家弄，后废。今城隍庙石砌犹其堂前故物也。日涉园，所蕴别业，与居第临街相对，中有竹素堂、友石轩、五老堂、啸台。后归陆明允，改门向东，在水仙宫后(笔者注：水仙宫为供"水仙五通"的道观，址在今天灯弄南，巡道街西)。明允裔孙秉笏添建传经书屋。秉笏子锡熊以总纂《四库全书》，得预重华宫侍宴联句，蒙赐杨基《淞南小隐图》，上有御题七言绝句一首。秉笏别号适与之合，因改传经书屋为"淞南小隐"，并敬奉奎文，以志恩遇。有陈所蕴三十六景图，今存五老堂，陆氏居之。

收买日涉园的人就是上海陆家嘴陆深的后代陆明允，陆明允的一个曾孙叫陆锡熊，字健南，号耳山。《清史稿》有传。《同治上海县志·卷二十一·人物》中是这样记的：

陆锡熊，字健男，号耳山。秉笏子。乾隆二十六年进士。二十七年，南巡召试，入一等，赐内阁中书军机处行走，升宗人府主事，擢刑部员外郎，进郎中。已而奉命检校《永乐大典》，入《四库全书》馆，撰《提要》。称。旨特授翰林院侍读，累擢至都察院左副都御史，以校书劳勚，卒于官。锡熊以文章学问受特达之知，由郎署入翰林尤异，数自《四库全书》及《通鉴纲目辑览》，外有《契丹国志》、《胜朝殉节诸臣录》、《唐桂二王纪事本末》、《河源纪略》、《历代职官表》、《旧五代史》、《八旗通志》，奉敕编辑者二百余卷。经进，皆降旨褒美。每国家诸大典，制诏所宣，多出锡熊手。方金川用兵时，夜半拟旨七道，锡熊立进，悉当上意，无一字改易……

陆锡熊还多次任山西、浙江、福建、广东等省与中央政府的考官，是深得乾隆皇帝信任和重用的人。一次，乾隆在重华宫赐宴，宫内藏有上海人杨基绘《淞南小隐图》，乾隆知道陆锡熊是上海人，就把这幅画赐给了陆锡熊，还特地在画上御题七言绝句一首，这是皇帝的恩赐，当然视为珍宝，而《淞南小隐》恰是陆锡熊父亲陆秉笏的号，这又是一个巧合和奇迹，于是，陆锡熊回上海后，就将自己花园里的书房——"传经书屋"改为"淞南小隐"，连同从陈氏手中得到的"日涉园三十六景图"一起藏在此地。

当陆锡熊决定把"传经书屋"改名"淞南小隐"时，原来的堂匾就得重书重做。沈初是陆锡熊的同僚和上司，请他来题匾是最合适的，这就是上海书隐楼会出现湖州人沈初题的匾的原因。沈初是大学者，又担任过礼部尚书，深知官场制度。"淞南"是地名，指上海，以上海位于吴淞江南岸而得名，"小隐"，即弃甲归田，退归林下过隐居生活，陆锡熊是在任官吏，且正官运亨通，如将堂匾题为"淞南小隐"不就是触陆锡熊霉头，叫他退归林下吗！如遇奸人从中捣乱，一状告到皇帝那里，也许真的会引来杀身之祸，于是将"淞南小隐"稍作修改，即题作"书隐楼"。这就是沈初与"书隐楼"匾的故事。

一直到清同治年间(1862—1870年)，"书隐楼"的大部分仍为陆氏产业。进入近代以后，上海人口增长速度很快，地价也越来越贵，大概到了19世纪八九十年代，陆氏的产业被分块出售，改建为民宅，在清代的地图上还能看到，今天的"天灯弄"还叫作"竹素堂街"，自然与陈氏"日涉园"的"竹素堂"是有一定关系的。古代，中国的大多数城镇没有路灯，只有在个别特别重要的机构处设有用作标识的灯，这种悬挂在半空中的灯一般叫作"天灯"，与竹素堂街相近的地方就是上海道署,这里挂有"天灯",于是原竹素堂街又被俗称"天灯弄",后来俗名替代了正名,这也是常有的事。

  我与郭俊伦先生相识,估计他大我三十岁,操一口上海本地方言。大概在20世纪80年代中后期,我应郭先生之邀去过他的"书隐楼"家,毕竟是一幢已有几百年历史的旧宅,一副破败相,其祖上留下的值钱的东西所剩无几,他从箱子里翻出两本帐册,红色的封面上写着"壶瑞堂",内页第一页为"置买各项总登"、"道光贰拾壹年仲秋吉立",我建议郭先生把帐册交上海历史文物陈列馆(即今上海市历史博物馆的前身)收藏,而他视若"传家宝",当然不肯,甚至关照我——"只许看,不许碰",我还记得,账册中显示,郭家在"洋行街"有不少产业,当时的"洋行街"还被分作"上塘街"和"下塘街"。估计,这账册今已散失了。

  我曾写过一篇关于《日涉园与书隐楼》的文章(我已记不清发表在什么地方),详述"书隐楼"名称的来龙去脉,郭先生读后很不高兴,有几次直接追到我开会的地方,为不影响会议正常进行。我只能"抱头鼠窜"。郭先生已仙逝多年,"书隐楼"也因缺少了郭先生而"冷清"多了。我想,"书隐楼"是私人产业,政府不可能出巨资去修缮私人产业。但是,"书隐楼"是历史建筑,还是上海市文物保护单位,它必须得到保护。如何协调、处理好这一关系——还得把它放到台面上讲清楚,找到一个妥善周全的处置办法。

上海名园露香园及顾绣

上海老城厢的老北门与小北门之间有一条叫作"露香园路"的小路，它是以明朝上海著名私家花园——露香园得名的。由于露香园湮没得太早，关于它的记录确实有限。清《同治上海县志·卷二十八·名迹上·第宅园林》中说："露香园，在北城。顾名儒筑万竹山居。弟名世辟其东旷地，穿池得石，有'露香池'三篆字，因以名园。"旧时的地方志"轻古重今"，对历史上已经消失的"名迹"记录从简，好在该志收录了与园主同时代人朱察卿（字邦宪，号醉石居士）的《露香园记》，这也是对于露香园最原始、最详细的记录，我未见后人引用过此史料，抄录如下：

道州守顾公筑"万竹山居"于城北，弟尚宝先生因长君之筑，辟其东之旷地，穿池得石，有"露香池"三字，为赵文敏手迹，遂名曰"露香园"。盘纡澶曼，胜擅一邑。入门巷，深百武，夹树柳榆，绿阴葰楙，行雨中，可无盖；折而东，曰"阜春山馆"，缭以皓壁，为别院；又稍东，石累累出，"碧漪堂"中起，极爽垲敞洁；堂下大石，棋置堂后，土阜隆崇，松桧杉柏相扶，疎翳蔽日，曰"积翠冈"。陟其脊，远近绀殿，黔突俱出，飞帆隐隐，移雉堞上，目豁如也。一楹枕冈，左曰"独莞轩"，登顿足疲，借以休憩；堂之前，大水可十亩，即"露香池"。池上跨以曲梁，朱栏长亘，池水欲赤。下梁，则万石交枕，路盘旋，咫尺若里许，走曲涧，入洞中，纡回而上，"碧漪堂"在俯视中。最高处与"积翠冈"等。山之阳，楼三楹，曰"露香阁"，楼左精舍，曰"潮音庵"，供观音大士像。不五武，有青莲座，造二室者咸盥手。"露香井"修容和南而出，左股有"分鸥亭"，坐亭中，尽见西山形胜；亭下，白石齿齿，水流昼夜，滂濞若啮，群鸥去来若训，先生"忘机处"也。先生奉长君，日涉于园，随处弄笔砚，校雠典坟以寄娱，不知世有陆沈之苦矣。已倩元美诸先生为诗，复命予记之。

古人的文笔多夸张之词，但是从这篇记文中还是能了解露香园之大概。明嘉靖年间(1522—1566年)，上海的顾名儒任道州(今湖南道县)太守，致仕后就在上海县城的北城内造了私家花园，取名"万竹山居"，他的弟弟顾名世在皇宫里任"尚宝司丞"的官职，大概是负责皇帝玉玺的五品官，他也在哥哥的"万竹山居"旁的空地兴建花园，在挖池塘时，突然从地下挖出一块上镌"露香池"三个大字的石块，还是元朝大书法家赵孟頫的字，元朝时赵孟頫担任青龙镇监，举家居青龙镇，有多次到上海的记录，所以，这是赵孟頫的字的可靠性是很大的，但谁也弄不清，这是赵孟頫何时为谁家的花园题的额。顾家视为吉兆和珍宝，就给自己的花园取名为"露香园"。

旧志对于顾名世的记录很简，说："顾名世，字应夫。嘉靖三十八年进士。官尚宝司丞，长于古文，时金石文多出其手。"而对于他的儿子顾斗英的记录丰富多了，《同治上海县志·卷十九·人物二》：

> （顾名世）子斗英，字仲韩，号振海。少负隽才，为诸生有声，屡摈于乡举，益磊落。不羁穷服，馔声色园林竹木之美，选胜宴游，坐客常满。能鉴别古器图书，诗有盛唐风格；善弈、工书画，与华亭莫廷韩，风流文采相颉颃，人称"云间二韩"。年三十七卒。著作甚富。不尽传。

顾名世的儿子顾斗英是秀才，但几次考举人均名落孙山，不过，他性格豪放，磊落不羁，有了祖上留下的露香园，经常宾朋满座，可惜，他仅三十七岁就逝世了。明末清初上海人叶梦珠《阅世编·卷十·居第二》中说：

> 露香园，在城西北隅，顾氏汇海（上引《同治上海县志》中称"振海"，即顾名世子顾斗英，不知是哪一本书弄错了，还是"振海"与"汇海"均为顾斗英的号）别业也。其尊人以科甲起家，汇海豪华成习，凡服食起居，必多方选胜，务在轶群，不同侪偶。园有嘉桃，不减王戎之李，糟蔬佐酒，有逾未下盐豉。家姬刺绣，巧夺天工，座客弹筝，歌令云遏……迄今越百余年，露香之名，达于天下……汇海深德先大父，交最好。余幼童时，先大父犹道及之。

追余弱冠,汇海殁久,园垣俱废,而亭榭山水,尚存什一。汇海嗣君伯露湛能文,余犹及交也。顺治丙申,伯露卒,无嗣,名园鞠为茂草。康熙初,移驻水师,有司度地,启建营房,乃即其废址,夷山堙谷,榷枯伐朽,纵横筑室,宛然壁垒矣。今兵归海外旧伍,所建营房,又为瓦砾荆榛之地。

《阅世编》作者叶梦珠家族与露香园顾氏为世交,对顾氏家族与露香园是知根知底的,打顾斗英英年早逝后,其家属就衰败了,在明末,叶梦珠尚年幼时还见过露香园,不过,园林损毁严重,"亭榭山水,尚存什一",而到清顺治丙申(1656年),顾家后嗣顾伯露也死了,他又没有子女,露香园就彻底毁了。到了康熙初年,清廷为应付不断入侵的南明王朝水师,就将露香园旧址建为水师兵营,而当南明王朝灭亡,水师又撤离此地,这里又成了废墟。

韩希孟的顾绣　　　　　　　　韩希孟的顾绣

清上海人毛祥麟的《墨余录》初刻于清同治庚午(1870年)。《墨余录·卷六·露香园顾绣》中说：

> 露香园者，明尚宝司丞顾应夫名世家园也……其后台榭渐倾，园林亦废。今雉堞边有飞阁，曰"大境"，内供关圣像，云即"露香阁"古址。青莲禅院，即青莲座也。尚有荒地基十余亩，为营兵演武处，俗呼为"九亩地"。黄太守冕宰我邑时，会集邑之绅富，复建秋水亭、万竹山房。左有隙地，规设义仓。凿池植莲，花开极盛，聊复旧观。未几，又以海疆多故，假义仓作火药局，积药过多，陡然发火，转瞬间而屋宇又为灰烬矣。

毛祥麟听说，上海北城墙上的"大境关帝庙"就是原露香园内的"露香阁"，此说根据不足，本书有专文介绍，又说，这里的佛教青莲禅院则是在原露香园的"青莲座"处建立的，此见于《同治上海县志》的记录，说：

> 青莲庵，在城内演武场(俗呼九亩地)，明顾氏露香园青莲座故基。隆庆六年僧启峰建庵，仍以是名，潘允端书额。国朝嘉庆六年邑人陈元锦建大士殿、海印堂；道光二十二年后屡遭毁损，同治五年，僧清华募修并重塑佛像。前院于乾隆十七年僧法恒起楼，名曰"不染"；道光十五年僧镒舒辟地重修(署总督陈銮有记)，后亦屡经毁损，同治初，僧见如稍缮葺，居之。

顾氏的露香园筑成于明嘉靖三十八年(1559年)而到明隆庆六年(1572

年)就被僧人建为庵,间隔仅十三年,而当时顾氏家族尚盛,顾斗英还天天在露香园内大摆酒席,宴请宾客,这一可能性不强,估计,和尚们为了抬高自己的身价,推前了青莲禅院的创始年代,还有一种可能,那就是顾家把原来"青莲座"的地方无偿捐给了佛教,佛教在这里创建寺院。青莲禅院后又称青莲庵,是上海颇有点名气的佛教寺院,解放初终止宗教活动,旧址被某工厂占用,旧址为东青莲街133号,也许,不久的将来,这里就又成为上海老城厢的新的住宅小区。

黄冕,字南坡,湖南长沙人。清道光十五至十七(1835—1837年)任署理上海知县。他在任时,又通过集资的方式将部分荒废的露香园故址改造为花园,恢复了一些景点,还利用空地建了一个"义仓",就是慈善机构堆放粮食的仓库。1840年鸦片战争爆发后,沿海的局势紧张起来,上海也加紧备战。《墨余录·卷二·沪城火药局灾》中说:"道光庚子(1840年),缘泰西诸国通商事,海疆驻兵防堵,假义仓作火药局,积药至四万五千余斤。"原来的义仓改为火药仓库,堆放了大量的火药,也许,中国当时尚处于冷兵器时代,人们对火药的威力认识不足,在管理上马马虎虎,1842年4月18日(农历三月初八)傍晚,存放在这里的火药突然爆炸,看守的官兵十余人当场炸死,附近百姓伤亡无数,《墨余录》中是这样讲的:

壬寅三月初八日申分,药性陡发,轰霆一震,天地晦冥,咫尺莫辨。遥见浓烟如墨,高接云间,而其地房舍尽为灰烬矣……秋水亭寄宿安徽兵数十名,震死十余人,余皆额破踵伤,无一完善;

义仓北长生庵中有女尼六七人，蓦闻震声，骤奔户外，瞥见庵屋数椽，尽已揭去，回顾同伴，尚少一人，神定后，入室呼寻，至庑下，恍惚得之，然已毙矣。一如黄渡镇上，于初八更定时，空中掷落一人，面目模糊，不堪卒视，地邻惶骇鸣官，得信始悉，盖顷刻间飞掷已七十余里⋯⋯

这次以火药存放不当的爆炸案，可称得上上海历史上最大的爆炸案了。这次爆炸后，这里就成了一片空荒地，到了清宣统元年（1909年）上海计划增开城门，就决定将这块荒地作价出卖。这块空地共65.9亩，将其中的57.2亩以每亩2 550元的价格卖给房地产商人，后来被建为民宅，余下的8.7亩，部分建为公共菜场，这个菜场刚建成后不久，在1912年的拆城墙中拆除了。不过，在今露香园路西有条叫"菜市街"的小路，它即以这个菜市场得名。另一部分拨给刚成立的县立万竹小学（今上海市实验小学）作为建造新校舍的土地。

露香园是上海明朝的私家花园，由于很早就荒废了，其早已被人们遗忘了，不过，露香园有两件事很出名，其一就是因内种植的水蜜桃是优良品种，其二则是露香园家人的绣品——顾绣。《阅世编》中讲露香园顾氏"家姬刺绣，巧夺天工"，《墨余录》中说："相传，顾氏刺绣，得自内院，其劈丝配色，别有秘传，故能点染成文，作山水、人物、花鸟，无不精妙。尚宝公有曾孙女，适廪生张来，年才二十四而寡，有子方一岁，妇守节抚孤，出家传针黹以营食，而其神化，更妙于前。顾绣之名，遂以大噪。"二书均未谈及露香园顾绣创自何人，只是讲顾名世的曾孙女擅长刺绣,她嫁给一位叫张来的读书人,她二十四岁守寡,还有了一个孩子,为了养家糊口,才以绣品为生,使顾绣被人们知道。《同治上海县志》中讲顾名世有一孙子叫顾寿潜,字旅仙,"性介不求闻达,董其昌赏其画法,故尺幅片缣,人争宝之。有《烟波叟诗草》"。而近人的著述中,又说顾名世孙子顾寿潜师从董其昌,其妻韩希孟,善刺绣,往往有丈夫作画,妻子在画上刺绣,所以,顾绣又称"画绣"。

清秦荣光《上海县竹枝词·物产》:

露香园阙顾姬名,长日停针图绣成。
总让缪娘工绣佛,传宜才女补前明。

作者原注:

《无声诗史》:"上海顾会海(笔者按:即"汇海",又作"振海",即顾名世子顾斗英)妾,刺绣人物,气运生动,字亦有法。"《阅世编》:"露香园顾氏绣,价最贵,盖所谓画绣也。"《南吴旧访》:"顾廷评家,多姬侍,刺绣冠天下。"《停针图》,维扬贾以汉玉连环及周昉《美人图》易之。案:戴有祺《寻乐斋集》有《露香园缪绣佛》诗注:"上海顾绣,始于缪氏。"是姬确有姓,非无可考。

总之,顾绣是一种极具特点的刺绣,始于上海露香园顾氏家族,后流传外姓,此种绣品就称之顾绣,未必一定出自露香园,而实际上,有不少非露香园的作品还超越了露香园顾绣的水平。毛祥麟《墨余录·卷六·名针赛社图》记：

> 我邑顾绣之妙，冠绝天下。然人但知露香园遗艺，而不知大理寺评事顾砚山家，尤为精绝。砚山橐素厚，好蓄姬妾，不以歌舞宠，惟以刺绣品高下，故虽束发女童，亦解劈丝辨色。有蘋娘者，绣《西村赛社图》，三载始成。描摹村姬牧竖，无不穷形尽相。最精者，一妇人于人丛中，解裙带，给儿一钱买果饵，众注目匿笑，妇牵儿欲行，儿尚指卖者筐中，有不舍状。此等处虽唐（寅）、仇（瑛）用笔，不能及也。图成，都人士咸往观。方誉制作之工，一老儒曰："有此工夫，何不停针事纺织，衣被天下，而徒役于此，何殊我辈文场累索，终无益乎！"言入于阃。明白遂出《停针图》以示。视之，则穷妍色笑，意态尤真。老儒太息曰："作文能用此苦心，何患年年空压线耶！"时有维扬巨贾，慕名甚，特踵门请一观。遂以紫金环、碧玉如意及周昉《美人图》易去，价值六百金云。

这个故事讲的是上海另一顾姓——顾廷评（砚山）家的顾绣的故事，而今人多移花接木，把这个故事移到了露香园顾氏家中。

近代以后，上海"顾绣"就作为刺绣、丝绣的名称使用，在旧照片中还能见到上海商店挂有市招，上书大大的"顾绣"二字，此只是一家绣品商店，所卖者不必一定是露香园顾绣或上海的绣品，而如今，"顾绣"一词在方言中渐渐湮没。

上海的天后宫

跨苏州河的河南路桥旧称天妃宫桥、天后宫桥等，就是因为在历史上，桥的北堍西侧有一座天后宫。天后是中国神道中的航海保佑女神，在中国沿海的福建、广东、台湾等地最受尊重，在中国的南方多称"妈祖"，澳门的英文为Macao，来自葡萄牙语，据说，当年葡萄牙商船登陆澳门时，见当地有一"妈祖阁"，香火颇盛，询之当地土著，遂以"妈祖阁"称该地为Macao。有统计，今台湾地区有妈祖庙五百余处，妈祖也是最受台湾人尊敬和信奉的女神。

上海河南路桥堍的天后宫早就终止宗教活动而荒废。1980年上海为拓宽河南北路，天后宫面临被拆的可能，而当时上海正在改造松江方塔公园，遂将天后宫的主殿原样迁建至方塔公园内，据称，该大殿使用的木料多为楠木，迁址后被俗称"南木殿"。我在1990年后多次赴天后宫旧址踏勘，只见残垣颓壁，一副破相，仅剩的天后宫戏台上下被分割成八间，居住着八户人家，我希望一睹戏台昔日的画栋雕梁和精美的藻井，居民们告诉我，这些东西全被夹板封煞，泥灰涂满，当然，住户们更多的是怨声载道,打听此地何时动迁。

如今,天后宫已纳入闸北区主要的旧城改造——"苏河湾"改造工程。近日,参加了几次关于苏河湾改造和天后宫戏台迁址复原重建的论证会,会上提到最多的就是"天后与上海"的议题,于是才促使我去完成这篇文章。

关于天后的故事

1986年我出席在太原举办的科技史和文物保护会议,有同行带来一册《莆田县志》的稿本(可能是抄本)。《志》中讲,航海或海上捕捞是风险很大的行当,而莆田靠海,许多家庭以海上作业为生,每当有船出海时,当地的船员及其家族就要在海边举行隆重的祭海、祭神活动和仪式,仪式大多由当地有声望的女巫主持,仪毕,船员们会一一向女巫跪拜辞行,据说有一位女巫通神灵,凡由她主持过的祭神仪式,出海的船只和船员都能平安回家,当她逝世后,人们就尊她为神,替代她主持出海仪式,形成风俗。我老家福建福清,与莆田相邻,旧属莆田专区,老家方言称女巫为"神妈",而"妈祖"可以理解为"神妈之祖",这一推断还是有合理性的。

众所周知,宋朝是中国近海航运和作业的发轫期,海上作业风险太大,人们希望有神在冥冥之中保佑平安,于是,"妈祖"就随航海传到各地,而关于她的传说也千姿百态,我作过粗略的估算,传说虽大同小异或小同大异,至少也有三十余种,元王元恭《四明续志》引元太常博士程端等(时叔)《天妃庙记》中说:

神姓林氏，兴化莆田都巡君之季女，生而神异，能力拯人之患难。室居，未三十而卒。宋元祐间，邑人祠之，水旱疠疫，舟航危急，有祷辄应。宣和五年，给事中路允迪以八舟使高丽，风溺其七，独允迪见神女降于樯而免。事闻于朝，锡（赐）庙额曰"灵济"。绍兴二十六年封"灵惠夫人"……三十年封"灵惠昭应夫人"……乾道三年，封"灵惠昭应崇福夫人"……淳熙十一年，封"灵惠昭应崇福善利夫人"……绍熙三年特封"灵惠妃"……嘉定十年，封"灵惠助顺显卫妃"……宝祐二年，封"助顺嘉应英烈协正妃"，四年封"灵惠协正嘉应慈济妃"，是岁又封"灵惠协正嘉应善庆妃"，景定三年，封"灵惠显济嘉应善庆妃"……皇元至元十八年，封"护国明著天妃"。大德三年，以漕运效灵封"护国庇民明著天妃"。延祐元年，封"护国庇民广济明著天妃"。

妈祖是宋朝莆田一位统领的女儿，也是一位神巫，而且十分灵验，她未到三十岁就死了，大概在北宋元祐年间(1086—1094年)，当地人就给她建祠，使她成了神，她还真的有求必应，"水旱疠疫，舟航危急，有祷必应"，北宋末年，她的祠就升格为庙，称之"灵济"。南宋建都临安(今杭州市)，为了增加财政收入，在近海的港口码头发达的地区设"市舶司"，相当于后来的"海关"的前身，主管近海航运和征税，在一定程度上促进中国海上航运的发展，而海上航运的风险很大，人们迫切希望神灵保佑，于是神的地位不断上升，皇家历年加封，从"夫人"加封到"妃"。元至元八年(1271年)，元世祖忽必烈称帝，建都大都(今北京市),建立了元王朝,为了解决北方粮食不足的困难,决定将对江南的征收部分改为实物税,直接征收粮食,但由于南宋时期南北对峙,运河航运中断多时,淤塞严重,于是,决定将"南粮北调"的方式改为沙船海运,已经投靠元朝的崇明人朱清和嘉定(今属浦东新区高桥)人张瑄就被重用,主管海上漕运,据记载,每年"南粮北调"的数量达到三百万石,相当于二十四万吨,为了确保海上漕运的安全和畅通,元至元十八年(1281年)和延祐元年(1314年),又先后加封"护国明著天妃"、"护国庇民广济明著天妃"。好像,中国神道没有或很少有得中央政府加封为"天妃"或"妃"的荣耀的。

在元末农民战争中,朱元璋抢在其他农民军之先建立大明王朝,定都南京,做了大明王朝的开国皇帝。此举引起了其他农民军的不满和反对,于是,朱元璋一方面调集精兵强将,镇压反对他做皇帝的农民军,被击溃的农民军只得向边境和沿海岛屿转移,于是,朱元璋一方面组建水师围剿镇压农民军残部,另一方面则实施"海禁"政策,就是禁止民船、商船在近海作业、航行、贸易,以切断海岛与大陆的联系和供给,"洪武初,天妃护海运舟有功,五年,封'考顺纯天孚济感应圣妃'"。朱元璋实行"海禁"令后,关闭了沿海的港口,只留下远离中央政府的广州一口,准许外国人在这里开展对华贸易,这些贸易还得靠中央政府的船队运输,同时,明王朝还建立远洋船队,由三宝太监郑和带领下直接与外国贸易,《莆田县志》称:"永乐七年,加封'弘仁普济护国庇民明著天妃'。"一直到清初,妈祖最高的头衔为"天妃",所以,清初以前各地的妈祖庙称"天妃宫"。

清兵入关后,明朝的旧臣拥戴福王朱由崧在南海重建明王朝,继续与清军作战，近海的局势依然紧张，所以，清朝初期继续实行海禁政策，而且比明朝海禁更加严厉。清康熙二十年(1681年)，清兵水师准备攻打台湾，但多次渡海，均因海浪太大而未能成功，提督万正色上《平海疏议》，提议加封天妃为"昭灵显应仁慈天后"，奏准，他就遣人撰祭文，在福建沿海举行隆重的祭祀天后活动，康熙二十二年，清兵收复台湾，于是，妈祖正式称"天后"。清兵收复台湾后，许多清兵就留在台湾，以后，不少家眷也从福建迁居台湾，台湾百姓特别敬重天后，应该与此有密切的关系。

天后的最后一次加封在清咸丰七年(1857年)，封号长达六十二字，为："护国庇民、妙灵昭应、宏仁普济、福佑众生、诚感咸孚、显神赞顺、垂慈笃佑、安澜利运、泽覃海宇、恬波宣惠、导流衍庆、靖洋锡祉、恩周德普、保泰振武、绥福天后之神。"我还真的不知道，中国古代的道教神仙，有哪一位获此殊荣者。当然，这次加封还是与海上漕运有关，明朝实行海禁，当燕王朱棣以"靖难"的名义夺取王位后就迁都北京，为了解决北方粮食不足，又恢复漕运，漕运改为运河运输。清承明制，漕运仍以运河漕运，到了清道光后期，运河淤塞严重，使漕运越来越困难，成本也不断上升，于是听从两江总督陶澍的提议，改运河漕运为委托上海沙船商海运，漕运是皇差，所运的漕米是皇粮，是国家的重大项目，于是才会对这位海上航运女神再次加封。

从顺济庙到丹凤楼

上海的天后宫最初称"顺济祠"，楼名"丹凤楼"。明《弘治上海县

《申江胜景图》绘"丹凤楼"

志·卷五·建设志》中记："丹凤楼,在县东北。咸淳八年(1272年)秋,青龙市舶、三山陈珩书。""三山"是福州的别称,南宋末,福州人陈珩任华亭县青龙市舶司,于是才会给这座顺济庙题"丹凤楼"匾。《同治上海县志·卷十·祠祀》中说："天后宫,在小东门外,古称顺济庙。创自宋咸淳七年。庙面东,浦潮汹涌北来,至此而伏,过复起,人以为神焉。"天后宫在上海县城东北角,临黄浦江,人们认为,黄浦的潮水涌到天后宫附近就平静了许多,而过了这里,潮水又恢复汹涌澎湃。现在,这里的天后宫早已不存在了,已无法证实古人的说法正确与否了。该《志》还收录古人宋渤的记略,说:

莆有神,故号"顺济"。瓯粤舶贾,风涛之险,祷辄应。至元十八年,诏海外诸蕃宣慰使、福建道市舶提举蒲师文册命为"护国天妃"。松江郡之上海，为祠岁久且圮。宋咸淳中，三山陈珩提举华亭市舶，议迁，新之。属其从事费棻（字同"松"，用于人名不能作"松"）经划，礼致道师黄德文奉香火。初，邑豪钱氏尝舍田四十亩，至是，复益田数百亩。里中善士吴梦西、刘用济、唐时措、时拱，各推金帛，自辛未至庚寅，庙成。

南宋咸淳元年相当于元至元二年，咸淳八年（即至元九年，1272年），元王朝已经正式成立，南宋王朝即将灭亡，陈珩应该是元朝留用的前宋市舶司，上海的顺济庙已有许多年的历史，庙破损及严重，于是陈珩奉元朝政府令，将顺济庙迁新址重建，该工程"自辛未至庚寅"，即从元至元八年至至元二十七年，也即从公元1271年至1290年，这样一个小小的工程竟耗时近二十年，这只能说，当时元朝初建，与前宋的战争尚未全部结束。

《同治上海县志·卷三十一·杂记二·寺观》中说：

丹凤楼，创自宋咸淳七年。初在古顺济庙。额系三山陈珩书。元末楼毁，额先坠地，明陆文裕深藏之，后邑人秦嘉楫改建楼于东城万军台，置旧额其上。内有文昌阁、关侯祠，其下为雷祖殿，名小穹窿。

该《志》收录了秦嘉楫《改建丹凤楼记》全文，原文较长，抄录部分如下：

丹凤楼者，故顺济祠楼也。祠与楼相继废久矣，而楼之名犹存。考之邑乘，盖创于宋咸淳间。其地襟带江海，控扼雄胜，而一时鸿巨若三山陈珩、吴兴赵孟頫、会稽杨维祯，为之颜，若碑若诗，其赫奕盖可想见。曰丹凤者，谓栋宇轩翔，丹臒照江水，若长离欲奋然。或曰：楼以祀女甕尔。兵燹以来，惟见青莎白鸟，迷离于崩涛缺岸间，其碑板亦销蚀无复存者，仅楼颜三字，为陆文裕公藏无恙。迨数十载，而兴复之议，让弗遑也。盖自邑以倭难始有城，城东北陬为楼，以侦敌也。三楹凌晡睨而出，下直丹凤遗址。

这座建于元初的丹凤楼到元末已经百年，再加上元末明初的战争，早已毁坏殆尽，原庙内的石碑多已丢失，只有三山陈珩题写的"丹凤楼"匾被陆深家收藏而无恙，明嘉靖时期(1522—1566年)倭患严重，上海建造了城墙，原丹凤楼旧址的部分已用于城墙，明万历年间(1573—1620年)，人们又提议重建丹凤楼，城墙的东北角是敌楼，是城墙的观察哨，驻兵地，有很大的空间，而它的下面恰巧就是丹凤楼旧址，于是决定将丹凤楼重建在这个敌楼的上面，还从陆深家请得"丹凤楼"匾，重新挂到楼上，"于是川原之缭绕，烟云之吐吞，日月之出没，举在眉睫；而冬之雪，秋之涛尤为伟观。远而世称方壶、员峤、岱舆三神山者，亦若可盱衡见也。而楼之胜，遂冠冕一邦矣"。敌楼本来就是城墙中较高的构筑物，而丹凤楼又建在敌楼之上，自然就成了上海的制高点。丹凤楼东临黄浦，登楼可以看到黄浦江的春潮秋涛，百舸争流，于是，

"凤楼远眺"就成了上海著名的景点而被列入"沪城八景"之一。清上海人秦荣光《上海县竹枝词·岁时》中说:

鼓角声中焕彩旂,浦江午日闹龙舟。
红儿绿女沿滩看,看客多登丹凤楼。

作者原注:"五月五日端午节,浦中龙舟竞渡,观于丹凤楼。楼在东城万军台上。"清朝,上海每逢端午,就会在黄浦江上进行划龙船活动,而丹凤楼就是上佳的看台。不过,到了近代以后,黄浦江上的轮船越来越多,火轮船螺旋桨掀起的波浪会将龙船掀翻,黄浦江的竞渡逐渐被禁止、取缔。

上海的天后诞辰活动

上海是港口,东门外至黄浦江边集中了大量的闽粤商人,他们是天后的崇敬者。天后的诞辰为三月二十三日,于是,这一天也是上海重要的节日。清上海人毛祥麟《墨余录·卷十二·灯市》描述上海庆祝天后诞辰的盛况:

我邑岁于三月二十三日为天后诞辰,先期,县官出示,沿街鸣锣,令居民悬灯结彩以祝。前后数日,城外街市,盛设灯彩。自大东门外之大街,直接南门,暨小东门内外洋行街(今阳朔路),及大关(即江海大关,址在今新开河)南北,绵亘数里,高搭彩棚,灯具不断。店铺争胜赌奇,陈设商彝、周鼎、秦镜、汉匜,内外通明,遥望如银山火树,兰麝伽南,氤氲馥郁,金吾不禁,彻夜游行;百里外舟楫咸集,浦滩上下,泊舟万计;各班演剧,百技杂陈,笙歌之声,昼夜不断。十九、二十始齐,至二十四、五日止。

到了近代,今方浜路以东的外滩被划进了法租界,天后宫在城墙上,不在租界,但天后的迎神赛会必须行进在"法兰西外滩",毛祥麟接着说:"自道光辛丑(1841年),海疆多故,驻兵设防,因罢灯市。通商后,华夷杂处,恐生事端,遂以为禁云"。在鸦片战争中,上海城外沿江地方成为军事重地,天后的赛会中止,而在1849年,这里又被划进法租界,天后的赛会就被禁止和取缔了。

《光绪上海县续志·卷二十九·杂记二·寺观》中说:

丹凤楼,同治元年重修。贾履上记略:咸丰癸丑,红巾贼踞城,毁损大半,乙卯,复城。住持凤朝阳立愿募修。绸缪三载而缮完粗就。庚申,粤逆攻城,亟守阵七昼夜,幸而获全。凡炮穿斧凿者,复增葺之,前后计费三千余缗,斯楼遂如鲁灵,岿然独存。中楼仍奉三姑。补书"古顺济庙"额,为曹君海林补。绘《三姑对弈》图,为曹君史亭。

1853年上海爆发小刀会起义,起义军占领并控制了上海县城,丹凤楼毁损严重。1855年,清兵镇压了小刀会,于是,道士凤朝阳募款重修,战乱期间,百姓生活艰难,募款进展缓慢,三年后才用不多的钱进行修缮，质量之差可想而知，但刚修好不久，又逢上太平军东进，少量太平军试图越城墙进入城里，道士们奋力抵抗总算使丹凤楼鲁殿灵光，奇迹般地保存了下来，不过，从此以后，这个丹凤楼就衰败了，一直到清末拆城时，它的命运彻底终止。

贾履上的记中提到——"楼中仍奉三姑"，又提到一位叫曹史亭的人还画了一幅《三姑对弈》的画，那么，这位"三姑"又是何许人也，她又与天后有什么关系？这也许是本文的重点。

天后是传说中的人物、神道，历史上是否实有其人其事，已是说不清、道不完的了，而民间流传的故事，更是五花八门。《集说诠真》中说：

《琅琊代醉编》曰：天妃宫，江淮海神多有之。其神为女子三人，俗称为林灵素（宋徽宗政和末温州人）三女。太虚之中，唯天为大，地次之，故一大为天，二小为示（音岐，同祇，地神也），天称皇，地称后。海次于地者，宜称妃耳。其教从三者，亦因一大二小之文，盖所祀者海神也。元用海运，故其祀为重。司马温公则谓"水阴类也，其神当为女子"，此理或然。或云宋徽宗宣和中遣使高丽，挟闽商以往，中流遭风，赖神得免。使者路允迪上其事于朝，始有祀。

这个故事和天后的传说一致，唯一不同者就是天后不是一个人，而是"其神为女子三人，俗称为林灵素三女"。张弼，松江华亭人，安汝弼，号东海。明成化进士，官南安知府，善诗文，攻草书。《同治上海县志》中收有张弼咏上海丹凤楼诗，抄录如下：

> 扁舟北来海波淼，丹凤楼高海天小。
> 楼上三姑共俨然，云髻花容常不老。
> 大姑团扇裁龙绡，指挥海若驱风涛。
> 圣人御宇波恬静，欹扇笑看棋相鏖。
> 二姑潜机先一着，小姑拈子未肯落。
> 龙争虎斗血元黄，鲸呷蛇蟠势回薄。
> 金鸡睡熟天下冥，楼下道人闻剥啄。
> 我欲就枰问一言，沧海桑田今几番。
> 孙思剿贼何缓死，崖山忠义何遽翻。
> 弱水仙都果何处，欲借青鸾竟骑去。
> 五色文辉阆苑花，七星剑挂扶桑树。
> 左携赤松右洪崖，免束冠裳事章句。
> 三姑默默问不应，楼外长川自东注。

从诗文分析，上海丹凤楼上供的天后就是"三姑"，由大姑、二姑、小姑三人组成，大姑造型是手持龙绡团扇，"欹扇笑看棋相鏖"，就是在一旁认真观看棋局的那位，而"二姑潜机先一着"，即在下棋时下了一狠着，而"小姑拈子未肯落"，也就是一手持一棋子在思考，该子应该下到哪里，而这盘棋一直下到通宵，住在楼下的道士听到下棋声（"剥啄"是象声词，指敲门或下棋声，如清钱谦益《观棋绝句》："疏帘清簟楚江红，剥啄丛残局未收"），真想冲到棋盘处问话。毫无疑问，曹史亭画的《三姑对弈》图中的"三姑"就是"天后"。我未读到关于上海天后宫是否供有天后像,这"天后"是单人还是"三姑"的著录,不过,从张弼诗分析,上海丹凤楼供的天后应该是"三姑"。抑或画师曹史亭就是根据张弼诗中的意境才画了《三姑对弈》图,有谁能知道呢?!

在民国初拆城时丹凤楼就被拆了,旧址相当于今天新开河外滩的古城公园内,那幅《三姑对弈》图转入大境关帝庙的道士手中。20世纪50年代,道士担心画被损坏或遗失,委托上海历史与建设博物馆(今上海市历史博物馆的前身)制作一件复制品,征得道士同意,同时复制了两件,真画和一件复制品归还道士,另一件复制品归博物馆收藏。"文革"中,道士和道观受冲击,他们收藏的《三姑对弈》图均毁了,唯博物馆藏的复制品尚在,现在出版的图册中能见到该画,均为博物馆藏画的照相件,不过,几乎无人知道该画的名称和流传过程,不少人还以为该画面为上海的十六铺。

出使行辕与天后宫

中国古代长期实行自我封闭的政策,没有在外国设公使馆、领事馆的制度。近代以后,进入中国并与中国建立邦交关系的国家一般均在中国设公使馆或领事馆,代表他们的政府处理对华外交事务。1858年中英《天津条约》第六款:"今兹约定,以上所开应有大清优待各节。日后特派大臣秉权出使前来大英,亦允优待,视此均同。"与其他国家签订的《天津条约》中也有类似的内容,实际上,条约规定大清应该在有邦交关系的国家设公使馆、领事馆。以后,1860年大清建立"总理各国事务衙门",全权处理中国的对外事务,并选派出使各国大臣。在现代人看来,能出任驻外使节是无尚荣耀的事业和官职,而在当初,官吏出任驻外使节不见得如此,往往还被视为苦差使,除了观念上的原因外,在19世纪七八十年代,漂洋过海,到几千里之外的外国不仅有"远涉重洋"的辛苦,海上风险更大。上海是中国最大的通商口岸,大多数外轮从上海入口,于是,绝大多数的中国派外使节必须先到上海,再搭乘海轮出国。

上海有租界,租界里也有上档次的旅社,但涉及制度和情感问题,大多数来上海的官吏不住租界的旅社,中国地界也有客栈,但往往档次很低,破烂不堪,也不适宜公务在身的官吏租住,于是,出外使节与中国的许多官吏往往选择住到中国富商或会馆中。如张德彝任兵部员外郎,1866年出访英、法、俄、瑞典等国,他的日记——《航海述奇》于同治五年(1866年)二月初三中记:"时有上海县差夫挑担行李,又有小车四乘,彝等遂下船上轿,炮迎入馆。馆在上海县新北门外洋场西北盆汤弄汪乾记茶行"。又如,宜垔奉命出使欧洲各国处理外交事务,其《初使泰西记》中记:同治七年正月初八"至上海黄浦江岸洋泾浜马(码)头停泊","初十日,登岸,寓理事公廨(即'会审公堂')"。总之,从上海搭乘外轮出洋的外交使节与日俱增,他们到上海后必须住上多日,等待相应的航班,而他们还要为在上海的住宿以及生活犯难,这确实有不妥之处。

崇厚(1826—1893),满洲镶黄旗人。完颜氏,字地山、子谦,号鹤槎。道光二十九年(1849年)举人,以资入官。咸丰十年底任三口通商大臣,署直隶总督。后创办北洋机器局。同治九年(1870年)天津教案发生后，中法关系紧张，任出使法国大臣，实际上是赴法国"谢罪"。光绪三年(1877年)，清政府击败阿古柏，次年，崇厚任出使俄国大臣，谈判伊犁归还问题，崇厚自以为在涉外事务中任职多年，洞晓对外事务，1879年10月2日，他未经清政府批准就在克里米亚半岛的里瓦几亚与俄国签订了《里瓦几亚条约》，条约收还了伊犁，却丧失了伊犁之外的大批土地。清政府拒绝批准此条约，崇厚革职治罪，定斩监候，以后，崇厚献银三十万两才得以免死，释放后，降职二级留用。

崇厚也是从上海出发乘船赴法国、俄国的，在他任出使俄国大臣期间，就注意到上海没有一个专门的接待出外使节的机构确实不方便，遂提议在上海设"出使行辕"，以及出使大臣专用的天后宫。《光绪上海县续志》是这样讲的：

> 出使行辕，在铁大桥北，天后宫旁。光绪五年，出使俄国大臣崇厚奏请于上海地方重建天后宫，并建出使大臣公所。经总理衙门咨行两江总督，札饬……筹议兴建。相度光绪二年收买北岸吴淞铁路案内官地起造。基五亩六分九厘六毫，连同天后宫基四亩八分六厘八毫，又租给广益善堂一亩三分六厘七毫，共十一亩九分三厘一毫。经始于九年正月，落成于十年闰五月。

文中提到的"铁大桥"即天妃宫桥、天后宫桥，即今跨苏州河的河南路桥。早在同治十三年(1874年)，英商怡和洋行等就集资成立一家"吴淞道路公司"，称为了解决吴淞至上海的货物运输，修建一条从上海到吴淞的公路，此事得到上海道台沈秉成的批准，并开始征用土地，而就在建设时，他们就将吴淞道路公司改组为"吴淞铁路公司"。并将公路建为铁路——淞沪铁路，这也是中国出现的第一条铁路，1875年冯焌光继任上海道，他对外国人擅自改变批准文书，把公路改为铁路之事十分反感，下令拆除铁路，后经谈判，清政府以二十八万五千两的高价收买铁路，并于光绪二年(1876年10月)将已通车的淞沪铁路全部拆除。这条铁路在今上海市区段被改造为马路，相当于今天的河南北路，故今河南北路旧称"铁马路"，河南路桥初称"铁马路桥"，又称"铁大桥"，而建造出使行辕和天后宫的部分基地就是原淞沪铁路用地。

财政部颁发原天后宫执照

邹代钧(1854—1908)，湖南新化人，字伯陶，号沅帆，地理学家，中国彩绘地图的创始人。光绪十一年(1885年)奉命随太常寺卿刘瑞芬出使英、俄两国，他的《西征纪程》中讲：

(光绪)十二年春正月。余自金陵之上海，入行辕天后宫居焉。天后宫在上海县城西北，前临吴淞江，江小而深，西达苏州，东入黄浦，往来舟楫甚夥。

二十二日。庚子。与同人自行辕携装载小舟，浮吴淞，入黄浦，溯洄而上，至法兰西通商之埠，登法公司轮船。少顷，饮竟刘公（即刘瑞芬）始至，船名"沙驾林"，长二百四十尺，广三十尺，能载六千七百二十万斤（相当于33 600吨，估计当时没有这么大吨位的船，可能出自作者的道听途说。又也许作者将英文的kilogram（公斤）误以为"万斤"）。凡三层，下层载货物；中层两旁为客舍，中为前后长厅，诸人会食之所也。上层如楼，敞其四周，绕以铁阑（栏）为行廊，以供临流凭眺。中有客厅，有船主住房，有水手执事之隙地，前后均有四方而高之台，前后住舵师，以察行向。

这位将出国的邹代钧到上海后就下榻"行辕天后宫"，若干天后，就从行辕天后宫出发，在门口的吴淞江（即苏州河）乘小船，走吴淞江，进黄浦，直达"法兰西通商之埠"，登上"沙驾林"号邮轮。"法兰西通商之埠"即"法兰西外滩"（Quai de France），这里有二个出洋码头，一个是英商太古轮船公司码头（China Navigation Co., Ltd.），南面是轮船招商局金利源码头，不知他们是从哪一个码头上船的。

上海租界建立后经过多次扩张。一直到19世纪末，苏州河北岸的租界的西界大致上在今河南北路的东侧，出使行辕和天后宫建在租界的外面的"中国地界"上。1899年公共租界扩张成功，其苏州河北岸的西界伸到今西藏北路偏西的区域，于是，出使行辕和天后宫就被划进了公共租界，不过，条约中又作出规定：出使行辕和天后宫是中国政府官地，不计算在租界的面积里，于是出使行辕和天后宫就成了一块极为特殊的地方——它就是租界之中的中国地界——上海在华界作奸犯科者，只要进入租界，中国的捕快或警察就奈何不了他，同样，在租界犯案者，只要进入天后宫，租界巡捕也不能擅闯拘捕，于是，进入20世纪后，天后宫就经常发生各种离奇故事。

辛亥革命推翻了大清王朝，上海的出使行辕是清政府机构，也随之遣散。1912年2月5日，上海商务总会与上海商务公所合并成立上海总商会，同年9月，总商会第六次常会决定：向各业筹募款项，在原清出使行辕建造议事厅和办公楼，得到北京政府农商部批准。1913年原出使行辕被拆除，1916年，上海总商会议事厅及办公楼建成并交付使用，如今，该建筑已被列入保护单位。

民国后，天后宫成了上海总商会

从关系上来讲，清出使行辕相当于大清总理衙门设在上海的出使大臣招待所，而天后宫是出使行辕的附属机构，天后是中国道教的神道，中国许多天后宫属于道教道观，而上海的这座天后宫是清政府建造的祭祀天后之地，但与道教并无关系，上海总商会迁原出使行辕址后，天后宫部分仍由上海总商会使用，以后又几经变迁，1980年，天后宫大殿被拆除，迁松江方塔公园重建。21世纪初，原天后宫戏台被拆，构件由闸北区文广局收藏，不久，即将在"苏河湾"的浙江路绿地按文物要求复建。也许，不久的将来，可以一睹戏台的真容。

上海的关帝庙

在中国的封建社会里,伟大的思想家、教育家孔夫子被追为"至圣先师",还被历代加封,地位越来越高,至迟到元明时期,规定县以上的城邑必须建一座孔夫子庙,并规定每年仲春、仲秋的第一个"丁"日要举行祭祀孔子的活动,称之"丁祭",一年春秋两祭,又称之"春秋两祀"。孔子庙一般也是该地方最高学府或教育领导机构,于是,孔子庙又称之"文庙",镇、县、府的文庙又分别称之镇学、县学、府学。关帝庙即关羽庙、关公庙,关公是武官,于是,关公庙又被叫作"武庙"。一般讲,一个地方只有一座文庙,但武庙不受限制,所以,中国历史上武庙比文庙的数量多得多。孔夫子是"至圣先师",还是人,不是神,一般只能在文庙里供着,而关公是"荡魔真君"、"伏魔大帝",是宗教的神道,除了专门的关帝庙外,许多庙宇也把关公当作护法神供着,所以,供关帝的庙宇更是不知其数。那么,这位关羽是如何从人走向神的呢,这确是有趣的故事。

陈寿《三国志》对关羽的生平事迹有详细的记载,不过,人们主要是通过明罗贯中《三国志通俗演义》(即《三国演义》)知道关羽其人其事的。关羽(？—219年)，字云长，本字长生，河东解良(今山西解虞)人。东汉末年，天下大乱，他亡命涿郡(治今河北涿县)，时值刘备起兵，他与刘备、张飞"桃园三结义"，三人寝则同床，恩若兄弟；官渡之战前，曹操分兵东征，大败刘备，羽关被俘，曹操封关羽为偏将军，后关羽又当阵斩袁绍大将颜良，解白马(今河南滑县)之围，加封汉寿亭侯，后挂印封金，仍投奔刘备，被派镇守荆州。刘备称王，建立蜀国后，关羽水淹七军，擒于禁，斩庞德，威震当时，不过，他也骄傲轻敌，大意失荆州，兵败被杀，谥"壮缪侯"。其生平大概如此，一直到唐朝以前，关羽在民间并无甚影响，到了宋朝，《三教源流搜神大全》称其为青龙转世，宋哲宗封其为"显烈王"，宋徽宗封为"义勇武安王"，而到了元朝，由于话本的流传，关羽被炒得更热了，又被加封"显灵义勇武安英济王"。明万历二十二年(1594年)据道士张通元之清，追关羽为关帝，跻身于"帝"的行列，其地位日显，成为与孔夫子相峙的武圣人。各地的关帝庙纷纷建立。

明万历(1573—1620年)以前的《弘治上海县志》中未见上海有关帝庙的记录，一般认为，今上海旧城墙上的大境关帝庙是上海出现的第一座关帝庙。《同治上海县志·卷三十·杂记一·寺观》：

大境，在西门北城箭台。明万历间建，以供关帝。崇祯七年修。国朝雍(正)乾(隆)屡新之。嘉庆二十年建三层楼。道光六年，总督陶澍题"旷观"二字额，以匹"振武"、"制胜"、"万军"台。

203

十六年于东首建石坊。署总督陈銮题"大千胜境"四字额。二十五年建熙春台。咸丰三年毁于兵。克复后,住持诸锦涛募建。十年,驻西兵复毁。同治四年,洋药捐局董郭学玩重修。

从这段文字中可以知道,大概在明万历关公被尊为关帝的同时,上海的道士也在北城墙内边上建立了一座关帝庙,从明万历至清乾隆年间,多次大修或重建,但庙始终在城脚下,而不在城墙上。到了清嘉庆二十年(1815年),又重新将关帝庙重建为三层楼阁时,楼阁的一部分就利用城墙而建在城墙之上了。《同治上海县志·卷二建置·城池》中讲:"道光元年(1821年),巡道龚丽正等倡劝重修,并于西门益箭台一所,即今'大境'。"可见,这座箭台建成之初并没有正式取名,只是到了同治年间(1862—1874年)时才正式被人们叫作"大境"箭台,由此我们也可以得出这样一个推断:清道光六年(1826年)两江总督巡视上海时,曾为位于关帝庙之旁的箭台题书了"旷观"的额,以便与振武台、制胜台、万军台相匹配,到了道光十六年(1836年)两江总督陈銮又为箭台边上新建的石碑坊题"大千胜境"额,人们又省"大千胜境"为"大境",于是,这个箭台就被叫作"大境",位于箭台之旁的关帝庙也被叫作"大境关帝庙"了。今大境关帝庙是上海市道教协会机关所在地,庙和这段上海老城墙已公布为上海市文物保护单位,对外开放,在城墙上还竖有当年的旗杆石,石上还镌有"郭学玩捐修"之类的字样,这与《同治上海县志》的记录是一致的。

清代,城墙是上海较高的建筑,建于城墙之上的关帝庙更可称得上是"高层建筑"了,而城北郊外又是一片空旷的农田,当时人叹曰:"沪城兰若(即庙宇)鲜空旷地,惟此隅一登临,有烟霞绕足,谓为胜境,良不诬也。"于是,大境关帝庙被清人取名为"胜景烟霞"而被列为"沪城百景"之一,其知名度是相当高的。

游览过大境阁的人也许会提出这样一个疑问:关帝庙是与"大境"箭台相连的,那么,今天的城墙上为什么会嵌有一块"制胜台"的石碑?这得从上海拆城讲起了。

民国元年(1912年)上海开始全面拆城,当时的上海县政府就在大境关帝庙建立了一个叫作"城濠事务所"的机构指挥拆城。拆城筑路的方法很简单,把城墙推倒,以城墙来填没护城河。1914年拆城筑路工程基本完工。由于大境关帝庙是城濠事务所机关所在地,当拆城筑路工程竣工后,这段城墙及关帝庙却偶然被保存下来了。

"制胜台"原位于城墙之东北角。明代嘉靖年间(1522—1566年),僧人在制胜台上建了一座观音寺,以其建筑为楼阁形式,就被叫作观音阁,今天与人民路相通的甘谷街旧名叫观音阁街,它就是以直通制胜台上观音阁而得名的。当年拆城时,制胜台上的观音像被迁移到南面的一个新建的小庙里,大概是今天的甘谷街24号。好事者又将嵌在箭台上的"制胜台"石碑保存起来;大境箭台是以"大千胜境"石坊得名的,箭台上并不嵌有"大境"石碑。于是,好事者又将"制胜台"石碑移位嵌到了大境箭台的城墙上。这就是"制胜台"石碑为什么会在大境箭台上的原因。

住在老城厢的老人大多记得,在今天的复兴东路南孔家弄东面也

205

有一个关帝庙。在本书的有关章节中已提到,清康熙和雍正年间,清廷宣布天主教为邪教而给以打击和取缔。雍正八年,清廷又下达了一条更为严厉的命令,限令全国所有的天主教外籍神职人员只能在广州一地居住,所有的天主教产一律没收,位于安仁街以及附近一带的老天主教堂也被籍没了,于是,上海地方政府即以老天主教堂东部的空地建了一座关帝庙。近代以后,清廷于1846年宣布天主教为"劝人为善之宗教",并承认其在中国的合法地位。咸丰十一年(1861年),法国天主教要求收回这块以前被没收的地产,而当时清政府正依靠洋人的力量镇压太平天国,遂答应了这一请求,这样,这座关帝庙势必要动迁了。

明代,为了抗御倭寇曾在上海设立过一个叫海防道的机构,当倭患平息后,这个海防道也撤销了。1843年上海开埠后,上海的涉外事务日益增加,于是,清廷又设立了一个叫作"松江府海防同知"的官署,驻在上海处理外交事务,刚上任的海防同知沈炳垣就购进西门内李姓人家的几亩房基营建海防厅,这幢建筑于1844年10月破土动工,第二年5月建成。当1853年上海爆发小刀会起义时,海防厅被毁坏了。当1861年清廷同意将老天主堂归还天主教时,就决定把这里的关帝庙移建到海防厅废址上。新建的西门内关帝庙占地六亩,庙门向南开在肇嘉浜(今复兴东路955号)畔,庙前有清水照壁,一字形排开的三座仪门,进门后为五楹的拜厅,这是作为朝拜关帝前整衣冠专用的,拜厅左右均建庑廊,直接通向塑关帝像的正殿。一般讲,大多数关帝庙为道教产业,由道士管理,而这座关帝庙则自始至终为地方政府公产。

在中国封建社会里,许多地方均有一个叫"万寿宫"的建筑,它是逢国家庆典,官吏集会朝拜的场所。在上海万寿宫建造之前,这座关帝庙就代万寿宫之职能,每逢国家庆典,文武百官在此集中,庆贺圣恩。所以它也被叫作"万寿宫"。辛亥革命胜利后,该关帝庙产业归上海都督府所有,都督府为筹集资金,即将该产业转卖给佛教,旋改称"护国禅寺",但民间仍习称关帝庙。1937年"八一三"淞沪战争中,关帝庙部分被毁;抗战胜利后,这里先后办了私立护国义务小学和护国诊所。1956年后,护国义务小学改称复兴东路第三小学,原护国诊所也改为地段医院。20世纪80年代时,学校和医院均进行重建,除了老上海知道这里曾是关帝庙外,已根本寻找不到当年关帝庙的痕迹了。

清代老城厢的三大名庵

清代上海人毛祥麟著《墨余录》卷七"三庵志略"中讲:"沪城寺观颇多,内惟青莲庵、一粟庵、铎庵最为幽静。因皆僻在西城,而多隙地,可以聚石凿池,构亭艺竹,无屋舍民居以遮游耳目。"由于这三个庵历史悠久,风景优美,主持的僧人有一定的名望,因此,它们被公认为清代上海的三大名庵。

在老城厢北面有条叫"露香园路"的小路,它是以明代尚宝司丞顾名世的私家花园——露香园得名的。据记载,明代的露香园占地约六十余亩,园之布局以占地约十亩的露香池为中心,周围有阜春山堂、积翠阁、碧漪堂、露香阁、分鸥亭、独莞轩、青莲座等景点。据《同治上海县志》卷三十一中记载:

青莲庵,在城内演武场(俗呼九亩地),明顾氏露香园青莲座故基。隆庆六年僧启峰建庵,仍以是名,潘允端书额。国朝嘉庆六年邑人陈元锦建大士殿、海印堂;道光二十二年后屡遭毁损,同治五年，僧清华募修并重塑佛像。前院于乾隆十七年僧法恒起楼，名曰"不染"；道光十五年僧鑑舒辟地重修（署总督陈銮有记），后亦屡经毁损，同治初，僧见如稍缮葺，居之。

明嘉靖三十八年（1559年）筑露香园，十四年后，即隆庆六年（1572年），顾名世就将园内的青莲座赠给了佛教，并由僧人启峰在这里建了青莲庵，还请豫园主人、四川右布政使潘允端题了匾。到清嘉庆六年（1801年）时，上海人陈锦元对青莲庵大修，并增建了大士殿和海印堂。近代以后，青莲庵数遭毁坏，庙貌已不可与昔日相比了。

民国以后，在青莲庵原址重建青莲禅院。仍是老城厢著名的佛寺。1952年，青莲禅寺被一工厂占用，结束了宗教活动，址为今东青莲街133号。

一粟庵故址约相当于今学前街之东，一粟街之南，尚文路之北，迎勋北路之西的范围。据记载，这里原来是东阁大学士兼礼部尚书徐光启的一个农园，徐光启在这里进行种植试验，编写《农政全书》。清初，这个农园荒废了。康熙七年（1668年），这块地产被一个从宁波来的和尚超潜收买而改建为庵。超潜即请当时上海最有名望的绅士曹垂灿为庵取名和题书匾额，曹即取佛教故事"金鸡解衔一粒粟"而取名"一粟庵"。

据佛教传记著作《五灯会元》中讲，佛教西土二十七祖般若多罗在将衣钵传给二十八祖达摩（达摩是佛教西土二十八祖，也是西土的最后一代传人，同时也是东土佛教的始祖，被后来禅宗佛教尊为始祖），

209

对他下了一条佛教谶语：

震旦虽阔无别路，要假(借)儿孙脚下行；

金鸡解衔一粒粟，供养十方罗汉僧。

大意讲：震旦(即中国)幅员辽阔，人口众多，是佛教创业的好地方，但是，必须依靠你们的努力，才能使佛光普照东土。当金鸡吐出口衔的一粒粟而啼鸣的时刻，东土风调雨顺，国泰民安，东土成为佛国的时刻就到来了。由于这个佛教故事，从唐代以后，金鸡或金鸡报晓就作为一种和平的象征而被广泛引用。如《唐书·百官志》中记载，唐代，每逢天下大赦的时候，中尚书署的大门口就树起一根七丈高的竹竿，竿上挂一只四尺高的镀黄假金鸡，金鸡的喙中衔一只由七尺长红线系着的盘子，用以告知天下——今天是大赦的日子。以后，"金鸡"作为和平的代称而在诗文中引用。如沈佺期诗中讲："忽闻铜柱使，走马报金鸡"(忽然听得驻边的使者来报，边疆战争已经结束)；宋黄庭坚《竹枝词》中讲："杜鹃无血可续泪，何日金鸡救九州"；陆游的《迎赦诗》也讲："青城回仗国人喜，金鸡衔赦天恩罩"。大家知道，康熙七年(1669年)距清兵入关仅十余年，清统一中国后，虽也在某些方面对汉族采取了温和政策，但是，由于各地(尤其是沿海)反清斗争时起时伏，清廷也在许多方面依然对汉族采取镇压措施，百姓的安全仍然受到威胁，曹垂灿取的"一粟庵"名，是深藏着他的思想的。

毛祥麟在"三庵志略"中讲了这样一个故事：一粟庵的后面有条小

河,原来是一陈姓人家的私产,后来被上海知县任辰旦收买并捐给一粟庵,作为庵的放生池。许多信徒就把从市场上买来的乌龟到池中放生。乾隆年间,主持一粟庵的和尚叫大来,他目不识丁,整天昏睡不醒,看上去和其他许多和尚一样,并没啥本事。一天,他昏睡醒来后问他手下的小和尚:"你们是否在夜里听到动物的打斗声?"这群小和尚都摇头不知,他又讲:"这打斗声很大,发声的地方应该离这里不远",小和尚即到放生池边寻找,果然发现了不少打斗至死的蛇和龟,于是,人们才认识到这位目不识丁的大来和尚并不是一个凡僧。

　　长期以来,一粟庵均由高僧主持,所以这里也成为上海名人绅士聚会的地方。约嘉庆年间(1796—1820年),这里的住持怀德和尚利用空地设了一处素斋,供施主聚餐之用,这是目前所知上海出现的第一家素餐馆。据记载,一粟庵对官席素斋一桌收费十余两,这个价格相当低。于是,有人开玩笑问怀德,这收费标准是怎么定的,怀德也巧妙地回答道:"此皆施主钱也,僧特借花献佛耳。"

　　咸丰三年(1853年)太平军攻占南京后,苏南浙北的不少僧人流亡上海。一粟庵几乎成了和尚收容所,接纳各地和尚挂单。以后,上海战争不断,瘟疫严重,一粟庵又成为超度亡灵最忙的地方。咸丰末年,一粟庵被烧毁了,一直到光绪三十二年(1906年),一粟庵地产被上海人叶佳裳和顾言定收买,建为"上海县劝业所"。民国以后,一度作为尚文国民小学(解放后改南市区中心小学)和大经中学(1945年迁此)校址,现在则是敬业中学的分部。这里附近有条一粟街,是一粟庵留下的唯一的遗迹。

"铎庵"见《同治上海县志》的著录,讲:"在新学宫东,旧为张在简园。康熙元年(1662年),曹垂灿、俞源改为庵。有僧漏云书两隅额。十九年(1680年),知县任辰旦建大悲阁。嘉庆间(1796—1820年)募修,今多颓废。"铎庵原来是明末清初上海人张在简(字可伯,号杼山。顺治(1644—1661年)初举孝廉方正。其子张锡怿,字越九,号宏轩,为顺治十二年进士)的私家花园,张的书房——蔽竹山房就建在园内,所以也被叫作"张在简读书处"。

也不知什么原因,这个私家花园在康熙元年(1662年)就被上海名绅曹垂灿和俞源改建为铎庵了。据曹垂灿在《铎庵记略》中讲:铎庵初建时还没取一个正式的庙名。这时,从南京来了一个犀照禅师,他俗姓刘,出身江南的望族家庭,从小就不吃荤腥,并刻苦潜研佛学,后来出家皈依佛门;他写得一手好字,又精于文学,著有《晶溪集》。他常对人家讲佛教经典,他引《传灯录》中的佛教故事:以前有个普化和尚,他住持僧院时不强求僧人学习禅定,只是"手持一铎,逢人向耳边振之"。原来,铎是中国古代的一种乐器,形状如大铃,古代宣教政令时,"文事用木铎,金铃木舌;武事用金铎,金铃铁舌"。原来,这位普化和尚是通过"振铎"来提醒僧人自我修炼之意识。也由于这个故事,这座庙也被取名为"铎庵"了。

铎庵的占地面积不大,但建筑布局相当得体,成为上海一大游览胜地。毛祥麟讲:"尝于春秋佳日契伴偕游,第见花隐溪桥,柳深斋阁,短垣修竹,清磬遥闻,真城市中之山林也"。正是这一原因,铎庵也吸引了无数高僧前来挂单。自犀照禅师后,有名姓可查的高僧还有纯夫、慧远、普泽、上晏、漏云等人，这些高僧除精通佛典，还精于文学书法，所以铎庵也成为上海名人常去的地方。

铎庵在康熙四十年(1701年)和嘉庆十九年(1814年)经过大修，但自咸丰三年(1853年)小刀会起义后，铎庵遭到了严重损坏，人去室空，今非昔比。约同治年间(1862—1874年)，毛祥麟又去过一次铎庵，叹曰："今园林既废，殿宇亦倾，仅有数沙弥，饥来吃饭，困来打睡耳"。光绪年间(1875—1908年)，铎庵的部分地产被居民购买建为民房，余下的部分在民国初被万竹小学收买建为分校，以后改称上海实验小学分校。在抗日战争期间，该校不肯向汪伪政府登记而改称私立培源小学，后来又改称德润中小学。1956年又改名文庙路小学，址即今西门内文庙路145号。

图书在版编目(CIP)数据

老上海城厢掌故 / 薛理勇著. —上海：上海书店出版社, 2015.8
（薛理勇新说老上海）
ISBN 978-7-5458-1111-7

Ⅰ.①老… Ⅱ.①薛… Ⅲ.①上海市-地方史-掌故 Ⅳ.①K295.1

中国版本图书馆 CIP 数据核字 (2015) 第 154757 号

责任编辑	沈佳茹
技术编辑	丁 多
装帧设计	郦书径

老上海城厢掌故
薛理勇 著

出 版	上海世纪出版股份有限公司上海书店出版社
	（200001 上海福建中路193号 www.ewen.co）
发 行	上海世纪出版股份有限公司发行中心
印 刷	上海叶大印务发展有限公司
开 本	890×1240mm 1/32
印 张	6.875
字 数	140,000
版 次	2015年8月第1版
印 次	2015年8月第1次印刷

ISBN 978-7-5458-1111-7/K.188
定　价　25.00元